D1721519

Manfred Helfrecht

Gewinnen

Menschen und Märkte

Persönliches Eigentum von:

1. Auflage 1991
2., überarbeitete und erweiterte Auflage 1992

ISBN 3-920400-58-5
Mitarbeit: Ernst-Walter Wehner
Verlag: HelfRecht-Verlag und Druck GmbH, D-8591 Bad Alexandersbad
Herstellung und Druck: HelfRecht Verlag und Druck GmbH, D-8580 Bayreuth

Was Sie in diesem Buch lesen können

1. Mehr als ein Vorwort

2. Mehr Zeit für berufliche und unternehmerische Aufgaben, für Familie und Hobbys

3. Erfolgreiche Unternehmer wissen, was sie wollen

4

4. Mehr Gewinn durch planmäßiges Disponieren

5. Probleme gelassen angehen und lösen

6. Mehr erreichen mit weniger Aufwand

Abbildungen

Mehr als ein Vorwort

1

Was macht Unternehmensführer erfolgreich?

Zwei Eigenschaften zeichnen erfolgreiche Unternehmensführer aus:

☐ Sie gewinnen wertvolle Menschen.

☐ Sie finden erfolgssichere Ziele, für deren Realisierung sich wertvolle Menschen begeistern können.

Dadurch schaffen und verteidigen sie Märkte, die die Existenz ihrer Unternehmen und der dort beschäftigten Menschen dauerhaft sichern. Erfolgreiche Unternehmensführer sind der Motor unserer Wirtschaft – und nicht von ungefähr stammen sie zumeist aus dem Mittelstand.

Menschen und Märkte gewinnen

Kapital gibt es heute genug. Mit Geld können wir alles kaufen – fast alles.

Die eigentliche unternehmerische Kunst jedoch ist es, leistungsfreudige Menschen zu gewinnen und sie so zu führen, daß sie dem Unternehmen erhalten bleiben und ihm ihre Schaffenskraft widmen.

Dies gilt nicht nur für Unternehmen. Jede erfolgreiche menschliche Gemeinschaft (– politische Gemeinschaften, Vereine, Verbände und andere Interessengemeinschaften –) wird nach den gleichen Gesetzmäßigkeiten gegründet und zu langfristigem Erfolg geführt.

Der Erfolg einer Gemeinschaft unterliegt bestimmten Gesetzmäßigkeiten.

In diesem Buch finden Sie jedoch ausschließlich Erfahrungen aus Unternehmen – speziell aus kleinen und mittelgroßen Betrieben. Den Inhalt des Buches bilden Vorkommnisse und Ereignisse in mittelständischen Unternehmen aus aller Welt, speziell aus dem deutschsprachigen Raum. Es handelt sich um Beispiele, die Anregungen dafür geben, wie Sie Menschen gewinnen und die Beziehungen zu ihnen pflegen, damit sie sich auch langfristig für den Erfolg des Unternehmens engagieren. Wenn Sie die Menschen gewonnen haben, können Sie auch Märkte gewinnen!

Schon zu allen Zeiten galten dieselben Erfolgsfaktoren für erfolgreiche Unternehmen. Aber von Jahr zu Jahr wird es deutlicher: Der Unternehmenserfolg hängt immer stärker von leistungsfreudigen und leistungsfähigen Menschen ab.

11

Wir alle sind in unserer Zeit ständig steigenden Anforderungen unterworfen. Ein Hausmeister beispielsweise muß heute auf Gebieten der Technik Fähigkeiten haben, die noch vor einigen Jahren selbst von einem hochqualifizierten Industriemeister nicht verlangt wurden.

Viele Beispiele gibt es, welche Dynamik diese Entwicklung hat: So werden die Lebenszyklen von Produkten wie auch von Leistungsangeboten in der Wirtschaft immer kürzer. *(Abbildung 1)* Auch die Fähigkeit von Mitarbeiterinnen und Mitarbeitern, Neues schnell zu verstehen und gut in die Praxis umzusetzen, wird immer wichtiger für den Erfolg eines Unternehmens. Von den vielen Prognosen dazu eine Graphik aus der Tageszeitung »Die Welt«. *(Abbildung 2)*

Zwei Voraussetzungen gibt es also für eine erfolgreiche Unternehmensführung: Zum einen besteht die Notwendigkeit, immer wieder neue und zugleich bestgeeignete Mitarbeiterinnen und Mitarbeiter zu gewinnen. Zum anderen müssen alle Mitarbeiterinnen und Mitarbeiter so ausgerüstet werden, daß sie allen neuen und auch höheren Anforderungen gewachsen sind. Gemeinhin wird das als »Weiterbildung« bezeichnet – dieser Begriff reicht aber bei weitem nicht aus.

Wir müssen
unsere Mit-
arbeiterinnen
und Mit-
arbeiter auf die
Zukunft vor-
bereiten.

Vielmehr muß auch die Persönlichkeit der Mitarbeiterinnen und Mitarbeiter eines Unternehmens entfaltet werden. Dabei handelt es sich nicht nur um ihre rein fachlichen Fähigkeiten für höherqualifizierte Aufgaben, sondern auch darum, daß durch die höheren Anforderungen keine Unzufriedenheit oder sogar Frustration erzeugt wird. Denn

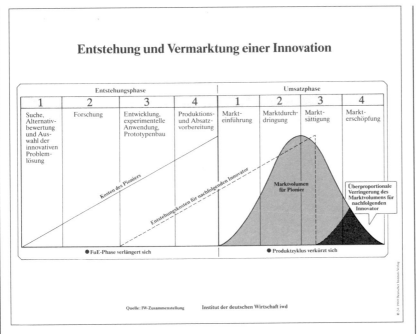

Entstehung und Vermarktung einer Innovation

Entstehungsphase				Umsatzphase			
1	2	3	4	1	2	3	4
Suche, Alternativbewertung und Auswahl der innovativen Problemlösung	Forschung	Entwicklung, experimentelle Anwendung, Prototypenbau	Produktions- und Absatzvorbereitung	Markteinführung	Marktdurchdringung	Marktsättigung	Markterschöpfung

Kosten des Pioniers

Entstehungskosten für nachfolgenden Innovator

Marktvolumen für Pionier

Überproportionale Verringerung des Marktvolumens für nachfolgenden Innovator

● FuE-Phase verlängert sich

● Produktzyklus verkürzt sich

Quelle: IW-Zusammenstellung   Institut der deutschen Wirtschaft iwd

Abbildung 1: Die Lebenszyklen von Produkten und Dienstleistungen werden immer kürzer.

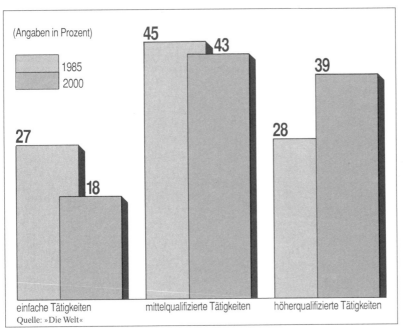

(Angaben in Prozent)

1985
2000

27
18
45
43
28
39

einfache Tätigkeiten   mittelqualifizierte Tätigkeiten   höherqualifizierte Tätigkeiten

Quelle: »Die Welt«

Abbildung 2: Der Erfolg eines Unternehmens wird immer mehr dadurch bestimmt, wie schnell Mitarbeiterinnen und Mitarbeiter in der Lage sind, Neues zu verstehen und in die Praxis umzusetzen.

13

gerade darunter würden ihre Leistungsfreude und ihre Leistungsfähigkeit leiden.

So ist der erfolgreiche Unternehmensführer also gefordert, damit seine Mitarbeiterinnen und Mitarbeiter in ihren neuen, anderen und auch größeren beruflichen Herausforderungen auch froh und glücklich sein können. Das heißt: Sie sollen dadurch fähig werden, jeden Mißerfolg und jeden Fehler so anzugehen, daß daraus Erfolge für die Zukunft werden und der gleiche Fehler mög- lichst selten gemacht wird. Und gerade diese Erfolgsdynamik macht leistungsfreudige Mitarbei- terinnen und Mitarbeiter glücklich; sie leiden nicht unter den Anforderungen durch höher qualifizierte Tätigkeiten. Im Gegenteil: Sie gewin- nen mehr Lebensfreude, damit mehr Schaffens- freude und als Folge daraus größere Leistungsfä- higkeit.

Ich berichte Ihnen in diesem Buch über viele Mitarbeiterinnen und Mitarbeiter, vor allem aber über Frauen und Männer, die erfolgreich Unter- nehmen führen. All diese Erfahrungen sollen Ihnen Anregungen geben dafür:

1. wie Sie wertvolle Menschen dafür gewinnen können, den Erfolg eines Unternehmens voran- zubringen und
2. wie Sie erfolgssichere Ziele finden, für die wertvolle Frauen und Männer sich begeistern können.

Gibt es Rezepte für erfolgreiches Führen?

Der Begriff »Rezept« bedeutet, jemandem detailliert vorzuschreiben, welche Schritte ihn zum Ziel bringen.

14

Warum sollte es das nicht auch für den Erfolg in der Unternehmensführung geben?

Aber es ist erwiesen: Das absolut erfolgssichere Rezept gibt es nicht! Auch wenn Ärzte ihren Patienten ein Rezept schreiben, ist es in den meisten Fällen nur der Versuch, mit einem ganz bestimmten Heilmittel oder einer gewissen Heilweise zu helfen. Je mehr Erfahrung der Arzt hat, desto eher wird schon das erste Rezept helfen. Ein gewisses Risiko geht aber jeder Arzt ein; oft hilft deshalb erst das zweite oder dritte Rezept zur Gesundung des Patienten.

Der Grund: Es gibt keine Menschen, die absolut gleich sind. Das ist das große Wunder der Natur. Selbst ein Quadratzentimeter Haut unserer Fingerkuppe ist niemals gleich mit der eines anderen Menschen; bei Milliarden Menschen unterscheiden sich diese Fingerabdrücke ganz eindeutig voneinander. Diese Vielfalt gibt es auch bei menschlichen Charaktereigenschaften – und Blutuntersuchungen zeigen, daß es keine zwei Menschen mit absolut gleichem Blutbild gibt. Ebenso haben Gehirnforscher bewiesen, daß jeder von uns eine etwas anders geartete Gehirnfunktion hat.

Kein Mensch ist dem anderen gleich – jeder hat unterschiedliche Stärken, aber auch Schwächen. Es gilt, diese Charaktereigenschaften zu erkennen.

So hat auch jede Führungskraft ganz bestimmte Begabungsstärken, aber auch Persönlichkeitsschwächen. Eine Vorgehensweise, die der einen unternehmerisch tätigen Frau zum Erfolg verhilft, kann jedoch einen anderen unternehmerisch aktiven Mann erfolglos werden lassen.

Deshalb besteht der Inhalt dieses Buches aus den Führungserfahrungen der unterschiedlichsten

15

Persönlichkeiten; dargestellt werden Erfolge unternehmerisch tätiger Frauen und Männer verschiedenster Charaktere. Bei dem einen Beispiel werden Sie sich angesprochen fühlen, Sie werden die Erkenntnisse daraus testen und im Erfolgsfalle anwenden; das andere Beispiel wird womöglich bei Ihnen nicht »ankommen« oder sogar Widerwillen erzeugen. Das sind Signale Ihrer Intuition – hören Sie darauf! Meine dreißig Jahre Erfahrung beim Aufbau mehrerer eigener Unternehmen und deren erfolgreicher Führung, wie auch die Erfahrung mit Tausenden von Frauen und Männern, die erfolgreich in der Unternehmensführung tätig sind, zeigen recht eindeutig:

Unsere Neigungen verweisen auf unsere Begabungen! Wogegen wir in unserer jeweiligen Lebenslage Widerwillen haben, sind meistens Wege, die uns nicht zum Erfolg führen. Was uns jedoch zum Handeln verlockt, das ist offensichtlich eine Neigung, die auch Begabungen aufzeigt.

Damit Sie möglichst wenig zeit- und geldaufwendige Versuche und Erfahrungen machen müssen, finden Sie in diesem Buch eine Fülle von Erfahrungen anderer, die oftmals viel Zeit und Geld gekostet haben. Nutzen Sie diese, um selbst weniger aufwendig vorzugehen.

Ganz ohne das bekannte Lehrgeld, ohne die eigenen Tests, ohne die daraus gewonnenen Erfahrungen, geht es aber doch nicht! Je mehr wir jedoch von den Wegen anderer qualifizierter Führungspersönlichkeiten wissen, desto geringer werden unsere eigenen Umwege sein, desto treffsicherer finden wir unsere Erfolgsziele.

Mehr als 100 000 Menschen haben bereits das HelfRecht-Zeitplanbuch erworben. Viele tausend Unternehmer und Führungskräfte, vor allem aus der mittelständischen Wirtschaft, aber auch freiberuflich tätige Frauen und Männer, haben die Planungstage des HelfRecht-Studienzentrums für persönliche und unternehmerische Planungsmethoden in Bad Alexandersbad besucht. Diese Menschen analysieren dort ihre persönlichen, beruflichen und unternehmerischen Chancen und gestalten daraus Pläne für ihren Erfolgsweg.

Geleitet werden die HelfRecht-Planungstage von Persönlichkeiten, die über Jahre hinweg mit Erfolg das HelfRecht-System in einer Führungsposition der mittelständischen Wirtschaft anwenden. Unter »Erfolg« verstehen wir aber nicht nur die materielle Leistung, also die Umsätze oder Gewinne, sondern auch vor allem den guten Ruf des Unternehmens in der Öffentlichkeit, bei Kunden, Lieferanten, Ämtern und Behörden. Auch der gute Ruf der Führung bei den Mitarbeiterinnen und Mitarbeitern gehört selbstverständlich dazu.

Ebenso ist der gute Ruf eines Unternehmens nicht dem Zufall überlassen, sondern planbar – ebenso wie Gewinne, Finanzierung und Eigenkapital.

Dies beweist beispielsweise auch Ernst-Walter Wehner, Mitautor dieses Buches. Er ist einer der Geschäftsführer in der Firmengruppe HelfRecht, Chefredakteur der Zeitschrift »methodik« und als Leiter der Zentralen Informationsstelle unserer Firmengruppe unter anderem verantwortlich für deren guten Ruf.

Wer analysiert und plant, kann seinen Erfolg schneller realisieren.

Auch der gute Ruf eines Unternehmens ist planbar.

Das Interessanteste an den HelfRecht-Planungstagen in Bad Alexandersbad sind die Frage- und Antwortrunden zwischen den Teilnehmern und den Leitern der Planungstage. Dabei wird das offen ausgesprochen, was Freiberufler und Führungskräfte in mittelständischen Unternehmen bewegt, was sie besonders fordert. Der Nutzen der Teilnehmer aus diesen Diskussionen: Sie erhalten das Know-how, das sich im HelfRecht-Studienzentrum in Jahrzehnten angesammelt hat. Dazu gehören meine eigenen Erfahrungen beim Aufbau und der Führung mehrerer mittelständischer Unternehmen, die Erfahrungen der Geschäftsleitungs-Mitglieder der Firmengruppe HelfRecht und vor allem aber auch die der erfolgreichen Führungspersönlichkeiten, die in Bad Alexandersbad während der HelfRecht-Planungstage ihre unternehmerischen Erfolge planen.

Know-how aus vielen Jahrzehnten erfolgreicher Arbeit.

Eine Auslese der besten Fragen und Antworten habe ich für Sie in diesem Buch zusammengetragen. Für eines haben Sie aber sicher Verständnis: Die Namen der Fragenden wurden geändert.

Nicht grübeln, sondern schriftlich planen

Sehr oft werden in diesem Buch schriftliche Ausarbeitungen empfohlen – ob zum Zweck der Analyse oder als Hilfe für Zielpläne, aber auch als Anregung für Vorgehensplanungen. Planen heißt immer schriftliches Denken. In Berufen, in denen geplant wird, ist es selbstverständlich, daß man die Pläne nicht nur im Kopf hat, sondern auf Papier konkretisiert und so erfolgswirksam macht. Was aber für jeden planenden Beruf gilt – gleichgültig,

Planen heißt schriftliches Denken.

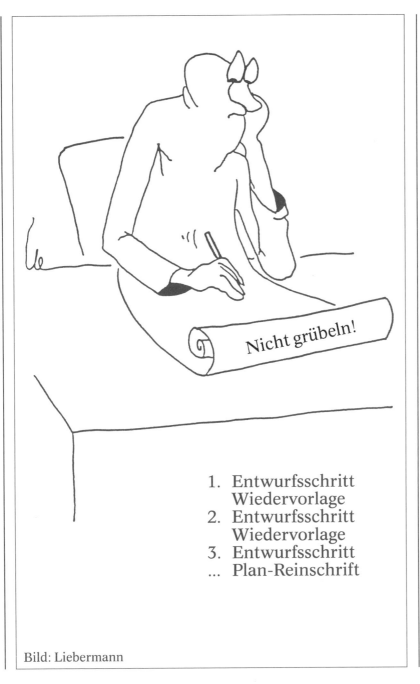

Bild: Liebermann

Abbildung 3:
Ein umsetz-
barer Plan
gedeiht nur
in einigen
Entwurfs-
schritten.

ob es sich dabei um den Architekten, den Maschinenbauer oder etwa die Modeschöpfer handelt –, alle diese Menschen wissen, daß ein guter Plan im allgemeinen nicht auf Anhieb gelingt. Meist sind mehrere Überarbeitungen notwendig, bis eine gute und erfolgsträchtige Planung entsteht. Lassen Sie sich also nicht verstimmen, wenn die erste Ausarbeitung, entsprechend einer der Empfehlungen in diesem Buch, nicht gleich perfekt ist. Auch hier gilt, daß mehrere Entwurfsschritte im Abstand von etwa einer Woche notwendig sind, bis ein befriedigendes Konzept entsteht. *(Abbildung 3)*

Mehr Zeit für berufliche und unternehmeri- sche Aufgaben, für Familie und Hobbys

2

Kann ich mehr Zeit durch Abstellen von Mängeln gewinnen?

Helmut Wilke, Inhaber einer Steuer- und Wirtschaftsberatungs-Kanzlei mit 65 Mitarbeitern in der Nähe von Frankfurt/Main:
»Sie stellen dar, welche Bedeutung für das unternehmerische Disponieren die Mängel haben, die es in einem Betrieb gibt. Das hat mich überzeugt. Ich habe klare Ziele; der Erfolg meiner Kanzlei begeistert mich. Aber ich will noch besser werden. Wenn wir unsere jetzige Unternehmensgröße halten und die Rentabilität verbessern wollen – beides bedeutet mir sehr viel –, muß sich jedoch bei uns viel ändern. Im großen und ganzen arbeiten wir gut – was unseren guten Ruf trotzdem immer wieder belastet, sind die vielen »Mängelchen« von mir und meinen Mitarbeitern. Beim Ausmerzen dieser Mängel komme ich mir vor wie beim Kampf mit einer schlangenköpfigen Hydra: Ist einer der Köpfe abgeschlagen – ein Mangel beseitigt –, sind sogleich zwei neue Köpfe nachgewachsen – zwei neue Mängel entstanden.

In meiner Bilanz dominieren die Personalkosten. Wenn also Mitarbeiter Fehler machen, die von uns wieder korrigiert werden müssen, entsteht zusätzlich Personalaufwand, der die Rentabilität meines Unternehmens erheblich drückt. Ganz zu schweigen davon, daß ich selbst zeitlich etwa zu 40 Prozent damit beschäftigt bin, die von anderen im Unternehmen verursachten Mängel zu beseitigen. Wenn es diesen Zeitaufwand nicht gäbe – wie gut ginge es mir! Ich hätte viel mehr Zeit für Hobbys, für Freizeit und könnte meine früheren Lebenskraftreserven wieder aufbauen. Meine Familie wäre auch glücklicher mit mir – und das würde auch meine Stimmung positiv beeinflussen. Einer der größten Mängel, unter denen ich leide, ist nämlich meine permanente Überarbeitung.

Mehr Zeit

Vor kurzem las ich in Ihrer Zeitschrift »methodik«, daß ein wesentlicher Bestandteil des HelfRecht-Systems der sogenannte Mangel-/Erfolgsbericht ist. Sie schreiben in dieser Zeitschrift, die mir schon viele gute Anregungen für meinen unternehmerischen Erfolg gegeben hat, daß alle Mitarbeiter in einem Unternehmen jeden Monat einen solchen Bericht erstellen und daß daraus das Handeln im Unternehmen abgeleitet wird. Als erstes werde ich nun dieses System einführen, um die bei uns vorhandenen Mängel endlich zu beseitigen und keine Gefahr mehr einzugehen, gute Mandanten zu verlieren.«

Was hat es mit dem Mangel-/ Erfolgsbericht auf sich?

Manfred Helfrecht: »Ein solches Vorgehen wäre höchst gefährlich und würde zu einer destruktiven Stimmung im Unternehmen führen. Ohne eine entsprechende Vorbereitung sollten Mitarbeiterinnen und Mitarbeiter auf keinen Fall mit dem System Mangel-/Erfolgsbericht konfrontiert werden.

Antwort

Im HelfRecht-Management-System gibt es dafür spezielle Formblätter, die auch die Suche nach Mängeln letztlich als Chancensuche erkennen lassen. Das Auffinden von Mängeln mit Hilfe dieses Formblatt-Systems bewirkt jedoch keine destruktive Denkweise der Mitarbeiter. Es macht statt dessen deutlich, welche Verhaltensweisen der

Mängel sind Chancen.

Mitarbeiterinnen und Mitarbeiter, aber auch des Chefs, die Realisierung der Unternehmensziele behindern und erschweren. Daran anknüpfend gibt es ein Organisations- und Arbeitsmodell, das den Abbau der erkannten Mängel als Ziel hat.

Ich empfehle Ihnen daher: Verzichten Sie darauf, jeden Ihrer Mitarbeiterinnen und Mitarbeiter ihre/seine Mängel auflisten oder sogar diese Listen bei Ihnen abgeben zu lassen. Was dabei geschehen kann, zeigt das folgende Beispiel:

Führungskräfte sträuben sich gegen die Einführung von Mängellisten

Die Geschäftsleitung eines Filialunternehmens der Lebensmittelbranche besuchte die HelfRecht-Planungstage in Bad Alexandersbad. Auf der Rückreise in einem Erste-Klasse-Abteil des Intercity besprachen die Herren, welche Teile des HelfRecht-Systems sie einführen und in welchen Bereichen das vorhandene Führungskonzept (Stellenbeschreibungen) beibehalten werden sollte. Die Entscheidung: Stellenbeschreibungen sollten bleiben; alle Filialleiter sollten jedoch am fünften Tag jeden Monats der Geschäftsleitung eine Liste der Mängel zuleiten, die im vergangenen Monat in der entsprechenden Filiale aufgetreten waren. Die Folge: Es gab eine Revolution! Filialleiter mit entsprechendem Selbstbewußtsein schrieben zurück, daß sie Selbstbezichtigungsmethoden ablehnten, wie sie in kommunistischen Staaten üblich seien. Einer meinte: »Da brauchen Sie diese Mängellisten nur an die fristlose Kündigung anzuklammern, wenn Sie mich irgendwann einmal loshaben wollen.« Und die Filialleiter mit weniger Rückgrat berichteten über bedeutungslose »Män-

Werden Mangelberichte ohne Anknüpfung an das HelfRecht-System eingeführt, kann es zu einem Chaos kommen.

gelchen«. Einer schrieb: »Die Hunde verunreinigen nachts und am Wochenende den Bürgersteig vor dem Eingang zu unserer Filiale. Unsere Raumpflegerinnen vergessen immer wieder, das wegzumachen und die Kunden treten hinein – mit all den entsprechenden unguten Folgen.« Dieser Mann ging den eigentlichen Problemen aus dem Weg und berichtete der Geschäftsleitung nur bedeutungslose Vorfälle.

Mehr Zeit

Die wirklichen Probleme werden verschwiegen.

So ging es also nicht. Nun setzte sich die Geschäftsleitung zusammen und beriet über die Lage. Die neue Entscheidung war, die lediglich mit einem Datum - ohne Filiale und Namen – versehenen Mängellisten in einen hausinternen Briefkasten einwerfen zu lassen.

Das Ergebnis war katastrophal. Jeder Filialleiter berichtete über Mängel, die er bei anderen entdeckt hatte. Beispielsweise wurde angegeben, der Verkauf könnte deutliche Umsatzsteigerungen haben, wenn die firmeneigenen Lebensmittel-Herstellungsunternehmen bessere Leistungen erbringen würden. Die Leiter dieser Betriebe aber bezeichneten den Einkauf als Sündenbock. Wenn dort nicht so viele Fehler gemacht würden, könnten Qualität und Quantität der Produkte deutlich besser ausfallen.

Wo ist der Sündenbock?

Kurz und gut, kaum einer berichtete über Mängel aus den eigenen Reihen, sondern über die Probleme anderer Abteilungen. Da nun jeder davon ausging, daß er von Führungs-Kollegen mehr oder weniger angeschwärzt worden war, meinte auch jeder, zusätzliche Fehler anderer Bereiche im Firmenverbund finden und ansprechen zu müssen. Die Stimmung im Unternehmen war eisig, unter Null.

Die erste Erfahrung ist besonders wichtig. Nach einem psychologischen Gesetz bilden sich Menschen zu 60 Prozent ihre Meinung aus der eigenen ersten Erfahrung mit einer neuen Sache. Die Bezugsperson wirkt danach zu 20 Prozent meinungsbildend und zu weiteren 20 Prozent die eigene Bezugsgruppe. Da diese Erfahrungen sehr oft unterbewußt gemacht werden, gibt es für eine große Zahl von Mitarbeiterinnen und Mitarbeitern kaum eine Chance, diese Sicht zu einer Angelegenheit zu ändern. Nur einem kleinen Prozentsatz von ihnen gelingt es, durch neuere Informationen den ersten, den schlechten Eindruck aus dem Unterbewußtsein zu löschen.

Auch Bezugspersonen und -gruppen haben einen großen Einfluß auf unsere Meinung.

So nicht weitermachen!

Im beschriebenen Fall stellten qualifizierte Führungskräfte sogar ernsthafte Überlegungen an, wann und wie sie das Unternehmen verlassen sollten. In dieser Situation wandte sich die Geschäftsführung an uns. Unser Rat bestand darin, auf keinen Fall in der eingeschlagenen Richtung weiterzumachen. Die entstandenen Aversionen saßen unter den gegebenen Umständen so tief, daß nur ein Abbruch dieses Weges sinnvoll war. Wir rieten zudem, mindestens etwa ein bis zwei Jahre vergehen zu lassen, um dann mit der Einführung der ersten Stufe des HelfRecht-Systems, also mit dem HelfRecht-Zeitplanbuch, zu beginnen.

Wo gibt es Mängel im eigenen Betrieb?

Im Rahmen dieses Systems wird jeder angeleitet, Mängel in seinem eigenen Bereich zu suchen und sich daraus ein eigenes Planungskonzept zu ihrem Abbau zu entwickeln. Dazu ist es nicht notwendig, die erkannten Mängel an den Vorgesetzten zu berichten. Die Mängel bleiben vielmehr das persönliche, vertrauliche planerische Rohmaterial einer jeden Mitarbeiterin und eines jeden Mitarbeiters. Erst wenn die Mitarbeiter in der Lage und bereit sind, so zu arbeiten, sollte mit den Formblättern des HelfRecht-Management-Systems weitergemacht werden. Mit ihrer Hilfe kann die nächsthöhere Ebene des Abbaus von Fehlern und Mängeln angegangen werden, was zwangsläufig Gewinn und guten Ruf deutlich erhöht. Das läßt sich in folgender *Abbildung 4* darstellen.«

Mehr Zeit

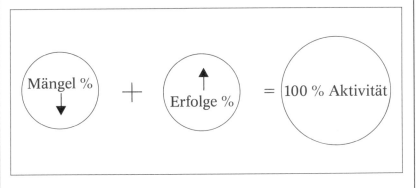

Abbildung 4:
Mängel-
Minimierung
bedeutet
Erfolgs-
Maximierung!

Immer nehme ich mir zuviel vor

*B**rigitte Millis,* Geschäftsführerin eines Einzel-handels-Unternehmens für Damenmode in Nordrhein-Westfalen. Sie hat zehn Filialen mit Filialleiterinnen und etwa 200 Mitarbeiterinnen und Mitarbeiter, davon etwa die Hälfte Teilzeitbe-schäftigte:

»Schon bevor ich in Bad Alexandersbad die Pla-nungstage besuchte, arbeitete ich mit dem HelfRecht-Planungssystem. Nach etwa einem halben Jahr Erfahrung habe ich das HelfRecht-Zeitplanbuch jedoch ganz einfach weggelegt. Ich hatte mir zuviele Aufgaben in die Tagespläne eingetragen und mußte immer wieder übertragen – ein täglicher Frust. Immer schob ich einen Berg unerledigter Aufgaben vor mir her. Das streßte mich und kostete mich mehr Lebenskraft als meine Tagesarbeit.

Als ich dann vier Wochen jedoch ganz ohne das Zeitplanbuch arbeitete, sah ich, daß ich schon »abhängig« geworden war. Die Vorteile des Zeit-planbuches überwogen also offensichtlich auch für mich, so daß ich dann wieder intensiv damit arbeitete. Aber mein Problem bleibt: Wie vermeide ich es, täglich so viele Aufgaben übertragen zu müssen?«

*M**anfred Helfrecht:* »Es gibt im wesentlichen drei Gründe dafür, warum Führungspersön-lichkeiten am Tagesende vieles von dem, was im Tagesplan eingetragen wurde, als unerledigt über-tragen müssen:

28

☐ Es gibt ganz einfach eine Überlastung; zwar deutet sich eine Entlastung durch Mitarbeiterinnen und Mitarbeiter an. Aber vorher muß durch ein gutes Planungskonzept soviel an Mehrnutzen für das Unternehmen erzielt werden, daß sich die Entlastung durch Mitarbeiterinnen und Mitarbeiter auch kalkulieren läßt. Das ist möglich, wie Tausende von Führungskräften zeigen, die die HelfRecht-Planungstage besucht haben.

Mehr Zeit

☐ Vielfach werden zu große Aufgabenkomplexe in den Tagesplan übernommen. Auf einem Tagesplanblatt darf jedoch nur das stehen, was leicht innerhalb eines Tages abgeschlossen werden kann. Um es humorvoll darzustellen: Sie können am nächsten Montag nicht eintragen, daß Sie sich an diesem Tag ein Haus bauen lassen. Aber Sie können für Montag vorsehen, einen Termin mit dem Architekten Ihrer Wahl zu vereinbaren. Sie können beispielsweise auch eintragen, mit Ihrer Hausbank einen Zeitpunkt zur Besprechung der Finanzierungsmöglichkeiten Ihres geplanten Hauses zu vereinbaren. Oder Sie tragen eine Besichtigungstour durch die von Ihnen bevorzugte Wohngegend ein, um dort nach Grundstücken Ausschau zu halten. Auch ein Anruf bei einem Grundstücksmakler kann im Rahmen eines Tagesplanes erledigt werden.

Salami-Taktik: Große Aufgaben scheibchenweise erledigen.

Schritt für Schritt zum Ziel

Wichtig ist es also, komplexe Aufgaben, wie beispielsweise Projektieren und Bau eines Hauses, in alle dafür notwendigen kleinen Teilschritte zu zerlegen. Diese Teilschritte sind dann »tagesplanreife Aufgaben«.

Fast jedes Arbeitsprojekt, insbesondere in Führungsaufgaben, besteht aus einer Vielzahl kleiner Einzelschritte, aus Telefongesprächen, Besprechungen, Briefdiktaten, Reisen, Beschaffung von Informationen und vielem mehr.

Es gibt Mittel und Wege, komplexe Aufgaben in realistische Teilschritte aufzugliedern.

Solange Sie kein ausgefeiltes, komplettes System kennen, um mit geeigneten Arbeitsmitteln komplexe Projekte in kleine Einzelschritte zu zerlegen, helfen Sie sich bitte mit folgender Vorgehensweise:

Schreiben Sie auf eine Liste zuerst die Hauptaktivitäten für das anstehende Projekt. Das könnten für den Bau eines Wohnhauses zum Beispiel sein:

☐ Grundstücksbeschaffung
☐ Raumbedarf planen
☐ Finanzplan erstellen
☐ Architekt auswählen und beauftragen
☐ Bauablaufkontrolle bezüglich
   a) Termineinhaltung
   b) Einhaltung der geplanten Kosten
☐ Einrichtung der Räume
☐ Außenanlagen

Diese Liste können Sie ergänzen, sobald Ihnen weitere Hauptaktivitäten einfallen.

Jeden Tag einen Schritt auf dem Weg zum Ziel.

Anschließend legen Sie für jede Hauptaktivität eine eigene Liste mit den Tätigkeiten an, die Sie durchführen müssen, um den entsprechenden Teil Ihres Projektes »Wohnhausbau« zu verwirklichen. Dabei ist immer darauf zu achten, daß die eingetragenen Einzelschritte innerhalb eines Tages erledigt werden und daß sie auch mit einem Minimum an Zeitaufwand zusätzlich in den Tagesplan eingeschoben werden können. Selbstverständlich gilt das nicht für jede Teilaufgabe, aber den Rahmen eines Tagesplanes darf eine solche zusätzliche Eintragung nicht sprengen. Wenn Sie dennoch dieses Problem haben, sollten Sie die sicher zu komplexe Aufgabe in realisierbare Einzelschritte aufteilen. Diese Teilaufgaben übertragen Sie dann in Ihre Tagesplanung.

☐ Häufig werden Tagespläne auch dann über- lastet, wenn Chefs alles Geschehen im Betrieb planen wollen. Das hat keinen Sinn und kann nicht gutgehen; Mitarbeiter werden dadurch »entmutigt«, ihre Kreativität wird abgeblockt und ihre Leistungsfähigkeit eingeschränkt.

Statt dessen sollten Mitarbeiterinnen und Mitarbeiter angeleitet werden, eigenverantwortlich zu planen. Das HelfRecht-Planungssystem – bestehend aus dem HelfRecht-Zeitplanbuch und dem Praktiker-Handbuch »Zeitstreß – ade!« – ist gerade hierfür ein preisgünstiges und leistungsfähi- ges Instrument. Jedes Unternehmen, gleich wel- cher Größe, kann es sich leisten, alle Mitarbeiterin- nen und Mitarbeiter hiermit auszustatten. Selbst wenn der eine oder andere weniger gut mit diesem System arbeitet – ein Gewinn für alle Beteiligten ist immer zu verzeichnen.«

Ich habe Angst, unerledigte Arbeiten zu übersehen

Dorothea Kohlwig, Geschäftsführerin in einem Import-Unternehmen für Kraftfahrzeug-Ersatzteile mit 270 Mitarbeitern in Caracas, Venezuela:
»Ich sehe zwar den Nutzen des HelfRecht-Systems, aber etwas scheine ich noch falsch zu machen. Es verunsichert mich, Tagesplanblätter vergangener Tage mit unerledigten Positionen zu überlesen, um sicherzugehen, daß mir nichts Wesentliches entgeht. Ich habe immer das Gefühl, daß ein Damoklesschwert über mir schwebt, wenn ich nicht weiß, welche unerledigten Arbeiten aus den vergangenen Tagen noch anstehen. Jetzt helfe ich mir damit, täglich mehrmals die vergangenen Tagespläne mit noch unerledigten Aufgaben zu überlesen. Das beruhigt mich zwar, ist aber sehr zeitintensiv, also unwirtschaftlich. Was tun?«

*M*anfred Helfrecht: »In der Anleitung zum HelfRecht-Zeitplanbuch sind die verschiedenen Tagesplan-Symbole erläutert. »○« bedeutet beispielsweise: »Wenn Aufgabe übertragen ist«. Das heißt, daß Sie das Zeichen erst nach dem Übertragen der entsprechenden Aufgabe auf einen anderen Zeitpunkt setzen. Auf diese Weise verlieren Sie nie etwas aus den Augen, was Sie bisher nicht erledigen konnten. Sie sind also gezwungen, diese nicht erledigte Aufgabe einem der nächsten Tagespläne zuzuweisen. So kommt zu der Ihnen geeignet erscheinenden Zeit diese Aufgabe wieder

auf Sie zu. Wenn Sie jedoch das Zeichen »○« Mehr Zeit
zuerst setzen, bevor Sie übertragen haben und
werden beispielsweise durch einen Telefonanruf
oder durch einen Besucher gestört, so geht Ihnen
diese Aufgabe möglicherweise verloren: Sie vergessen, sie zu übertragen. Das kann schlimme Folgen
haben!

Abgeschlossene Arbeitszyklen wirken beruhigend

Grundsätzlich gilt: Jeder Tagesplan muß
täglich abgeschlossen werden! Die Erkenntnisse
der Psychologie zeigen uns nämlich, daß abgeschlossene Arbeitszyklen auf unsere Psyche beru-
higend wirken, während viele begonnene und
nicht zu Ende gebrachte Arbeitsblöcke uns viel
Geisteskraft und sogar Lebenskraft kosten.

Ein drastisches Beispiel dazu: Stellen Sie sich
vor, ein Chirurg würde mehrere Patienten gleich-
zeitig operieren wollen. Das ist aber nicht möglich, Wenn wir uns
denn nur, wenn er sich auf einen einzigen Patienten nicht auf eine
Aufgabe voll
konzentriert, kann er seine Arbeit optimal ausfüh- konzentrieren,
ren. Und so geht es uns auch im täglichen Leben: können wir sie
auch nicht
Wir können eine Tätigkeit nur dann zu unserer optimal durch-
Zufriedenheit durchführen, wenn wir uns voll auf führen.
sie allein konzentrieren. Deshalb ist der tägliche
Abschluß des Tagesplanes so wichtig: Was nicht
erledigt werden konnte, wird übertragen. Wann für
Sie die geeignete Zeit dafür ist, sollten Sie auspro-
bieren. Es kann sein, daß Sie schon nach Ende der
Arbeit Ihren Tagesplan abschließen können;
haben Sie jedoch am Abend weitere Aufgaben, so
ist der Abschluß des Tagesplanes erst am Ende des
Tages sinnvoll. Grundsätzlich gilt: Einen neuen
Tag sollten Sie nicht beginnen, ohne den Tagesplan
des Vortages abzuschließen!

Und der Plan des nächsten Tages?

Ihre Mentalität bestimmt, ob es für Sie besser ist, am Abend bereits den Tagesplan des nächsten Tages zu lesen und sich darauf einzustimmen. So kann Ihnen Ihr Unterbewußtsein am entspannten Abend oder sogar in wachen Nachtstunden manche Idee zur Problemlösung liefern. Oder belastet es Sie, schon im voraus an die anstehenden Aufgaben zu denken? Können Sie sich dann nicht mehr entspannen? Dann empfehle ich Ihnen, am nächsten Tag unbedingt als erstes in einigen ruhigen Minuten Ihren Tagesplan zu überlesen. Dabei können Sie zugleich die Aufgaben des Tages ordnen. Entweder Sie bilden drei Gruppen und kennzeichnen je nach Dringlichkeit Ihre Aufgaben mit einer »1«, »2« oder »3«. Diese Ziffern haben folgende Bedeutung:

Nicht alle Aufgaben eines Tages sind gleich wichtig – wir müssen vielmehr Prioritäten setzen.

»1« = Muß an diesem Tag unbedingt erledigt werden.

»2« = Daran hängt mein Herz, diesen Wunsch werde ich mir heute erfüllen.

»3« = Kann bei Zeitnot oder mangelnder Stimmung auch auf den nächsten Tag übertragen werden.

Eine weitere Möglichkeit, Ihren Tagesplan zu ordnen: Numerieren Sie ganz einfach die anstehenden Aufgaben in der Reihenfolge, in der Sie sie durchführen wollen.

Selbstverständlich gibt es gerade in Führungspositionen immer wieder Tage, an denen soviel Unvorhergesehenes eintritt, daß die geplanten Aufgaben nicht realisiert werden können. Aber auch dafür gibt es eine Hilfe; Sie prüfen nach vier Gesichtspunkten:

1. Was Sie selbst doch noch an diesem Tag erledigen können, das bekommt eine »1«.
2. Was lassen Sie von Mitarbeiterinnen und Mitarbeitern durchführen? Diese Aufgaben können Sie mit »D«, das heißt »Delegieren«, kennzeichnen.
3. Wo lassen Sie Zwischenbescheid geben, daß die zugesagte Erledigung verschoben werden muß? Dann nennen Sie aber bitte immer einen verbindlichen Zeitpunkt, wann dies geschieht.
4. Sie übertragen Aufgaben auf Ihre folgenden Tagespläne und setzen dann zu jeder dieser Aufgaben das Übertragungszeichen »○«.

Mehr Zeit

Wie war der Tag?

Wichtig ist, daß Sie jeden Tag nach Abschluß aller Arbeiten und nach dem Übertragen unerledigter Tätigkeiten mit einer Note bewerten. Die Anleitung dazu finden Sie im HelfRecht-Zeitplanbuch. Ob Sie durch den Tagesplan einen Strich machen, der Ihnen zeigt: »Da steckt nichts mehr drin« oder ob Sie eine Note setzen, das ist ziemlich der gleiche Zeitaufwand. Eine Note ist jedoch die kürzeste und rationellste Art der Tagesnachbereitung. Oder haben Sie das Bedürfnis, jeden Tag mit einigen Gedanken nachzubereiten? Dann lohnt es sich, für die Nachbereitung ein eigenes Blatt anzulegen. Aber auch dann bekommt der Tag als Resümee eine Note.«

»Welche Bedeutung hatte dieser Tag für mich?«

Warum ist ein Tagesrahmenplan notwendig?

Gisela Hoppe, Geschäftsführerin eines Modehauses mit 200 Mitarbeiterinnen und Mitarbeitern in Duisburg:
»Sie empfehlen in der Anleitung zum HelfRecht-Zeitplanbuch einen Tagesrahmenplan. Ist es nicht ganz natürlich und auch durch die Umstände gegeben, seinen beruflichen Arbeitstag in einem bestimmten Ablauf zu leben? Ich sehe da kaum Spielraum für die Gestaltung eines Rahmenplanes. Am Wochenende aber will ich mich nach Lust und Laune erholen und mir keinerlei Zeit-Korsett anlegen. Was soll diese Empfehlung also?«

Manfred Helfrecht: »Nach meinen Erfahrungen erkennen bisher noch recht wenige Menschen, wie nützlich und die persönliche Effizienz fördernd sich die Gestaltung eines individuellen Tagesrahmenplanes auswirkt. Es ist eine Tatsache: Persönlichkeiten, die Außergewöhnliches leisten und dabei noch ihr Leben genießen, leben sehr häufig nach einem exakten Tagesrahmenplan. Das gilt nicht nur für bedeutende Persönlichkeiten der Wirtschaft, der Wissenschaft und der Politik, sondern auch für Persönlichkeiten der Geschichte. So weiß man zum Beispiel von Immanuel Kant, daß er nach einem exakt eingehaltenen Tagesrahmenplan gearbeitet und gelebt hat. Er litt nämlich wegen seines eingefallenen Brustkorbs sehr unter Atemnot und mußte mit seinen Lebenskräften gut haushalten.

36

Wilhelm Busch, der vielen Menschen nur als witziger Max-und-Moritz-Autor bekannt ist, war einer unserer großen deutschen Philosophen. Wer sein ganzes schriftstellerisches Werk kennt, weiß das. Aber Wilhelm Busch hatte auch darüber hinaus noch Kraft für weitere außergewöhnliche Leistungen. Er war beispielsweise auch als Kunstmaler kreativ und produktiv, wie mir durch einen Diavortrag eines befreundeten Unternehmers deutlich wurde, der das Lebenswerk Wilhelm Buschs studiert. Und was besonders interessant ist: Der Dichter, Philosoph und Kunstmaler hat sich bereits als Student einen Tagesrahmenplan gestaltet, der recht erheiternd zu lesen ist. So lautet dieser Plan:

Mehr Zeit

Schon Wilhelm Busch hatte sich einen Tagesrahmenplan vorgegeben.

Der Tagesrahmenplan des Wilhelm Busch

§ 1. »Besagtem W.B. wird aufgegeben, sich morgens um 7 1/2 Uhr aus den Federn zu erheben. NB früher, wenn's beliebt.

§ 2. Bis halb neun muß er mit Anziehen, Kaffeetrinken, seiner Morgenpfeife etc. unwiderruflich zu Ende sein.

§ 3. Von halb neun bis zwölf Uhr mittags hat er möglichst fleißig auf der Akademie zu arbeiten.

§ 4. Von zwölf bis halb zwei ist Bummelns- resp. Essenszeit, wie auch die Zeit für Besuch der Bibliothek.

§ 5. Von halb zwei Uhr bis zum Dunkelwerden: Arbeiten auf der Akademie.

§ 6. Vom Dunkelwerden bis zum Aktzeichnen ad libitum zu verfahren.

§ 7. Das Aktzeichnen ist nie zu versäumen.

§ 8. Die übrigbleibende Zeit ist vorzüglich dem Studium der Geschichte und der Komposition zu widmen. NB zu Abend zu speisen und Pfeife zu schwelgen, ist nicht untersagt.

§ 9. Von den genannten acht Paragraphen ist nur mit Einwilligung des Verstandes und Gemütssinnes eine Abweichung gestattet.

§ 10. Für den Sonntag gelten die vorigen Paragraphen nicht; die Benutzung desselben steht ganz in der Willkür des oben genannten Individuums.« (Quelle: Hans Balzer, Wilhelm Buschs Spruchweisheit. VMA-Verlag, Wiesbaden)

Kann es Abweichungen vom Tagesrahmenplan geben?

Gewiß läßt sich ein Tagesrahmenplan nicht immer exakt einhalten; es kann sogar anregend wirken, davon abzuweichen. Es ist aber eine Tatsache, wie uns eine ganze Reihe wissenschaftlicher Forschungsergebnisse beweisen, daß Menschen einen individuellen Tagesrhythmus haben. Mit Hilfe der Körpertemperatur läßt sich sogar feststellen, wer ein »Morgenmensch« und wer ein »Abendmensch« ist. Und ein dritter Menschentyp hat etwa während der Tagesmitte sein Tagestief.

Jeder Mensch hat einen individuellen Tagesrhythmus – es gibt Morgen-, Mittag- und Abendmenschen.

Es ist also sehr wohl sinnvoll, den eigenen Tagesrhythmus herauszufinden, um in den Tiefzeiten des Tages einfache Routinearbeiten zu erledigen. Im Leistungshoch des Tages sollen dann aber die schwierigeren Herausforderungen angegangen werden. Das erbringt nicht nur bessere Ergebnisse, sondern kostet auch weniger Lebenskraft.

Selbstverständlich gibt es Berufe, in denen dies nicht möglich ist. Denken wir nur an die praktischen Ärzte, noch dazu auf dem Lande, wo eine Vertretung nicht ausreichend gewährleistet ist. Viele können also nicht nach einem Tagesrahmenplan leben und arbeiten – das kostet jedoch sehr viel Lebenskraft. Denken Sie nur an die typischen Krankheitssymptome von Menschen, die in Schicht oder sogar in Wechselschichten arbeiten müssen!

Mehr Zeit

In einer persönlichen Zeitplanung sollen aber nicht nur die Pflichten berücksichtigt werden, sondern auch die Emotionen, aus denen die Lebenskräfte fließen. Sicher wird deshalb auch ein Arzt, der sich durch unregelmäßige Arbeitszeit sehr fordert, einen entsprechenden Ausgleich an Entspannung und für das Auftanken der Lebenskraft finden müssen, wenn er sich nicht überfordern will.

Auch die emotionalen Bedürfnisse fließen in die Zeitplanung ein.

In Ihrer Situation empfehle ich Ihnen, mit einem einfachen weißen AM2-Notizzettel in Ihrem Zeitplanbuch zu beginnen. Schreiben Sie mit Bleistift einen Tagesrahmenplan und tragen Sie die groben Zeitblöcke ein:

1. Block: Die Zeit morgens vor Arbeitsbeginn
2. Block: Ihre erste Arbeitsphase
3. Block: Ihre Mittagspause
4. Block: Ihre zweite Arbeitsphase
5. Block: Ihr Feierabend
6. Block: Ihre Schlafenszeit

Wichtig dabei ist, daß Sie die 24 Stunden des Tages voll belegen. Andernfalls beeinträchtigen Sie die Wirkung des Tagesrahmenplanes. Wenn Sie Ihren ersten Entwurf dieses Planes nur mit Bleistift schreiben, können Sie durch Radieren leicht den Zeitbedarf und die einzelnen Tageszeiten verändern, so daß Sie sich mehr und mehr an Ihren optimalen Tagesverlauf herantasten.«

Nicht jede Minute des Tages verplanen, sondern mit der täglich zur Verfügung stehenden Zeit planerisch umgehen.

Bei meinen Mitarbeitern mangelt es an Zuverlässigkeit

Gerda Röhg, Geschäftsführerin einer Konfektions-Fabrikation für Damenblusen mit 340 Mitarbeiterinnen und Mitarbeitern, bewegt folgendes Problem:
»Meine eigene Arbeit verrichte ich recht diszipliniert. Ich habe auch genügend Freizeit, um mich unabhängig von allem Planen und von allen Pflichten zu erholen. Aber etwa 40 Prozent meiner Zeit benötige ich zur Lösung von Aufgaben und Problemen, die durch die Unzuverlässigkeit anderer entstehen. Zum einen sind es Lieferanten, die Vereinbarungen nicht einhalten und gemeinsam Festgelegtes nicht erfüllen. Zum anderen gibt es aber auch unter meinen Mitarbeiterinnen und Mitarbeitern, ganz besonders bei den Führungskräften, immer wieder »Aussetzer«. Besprochenes wird nicht realisiert; Einkauf, Lagerhaltung, oder etwa Messevorbereitung und -durchführung werden nicht so verwirklicht, wie es abgestimmt war. Ich kann aber nicht behaupten, daß dies am mangelnden guten Willen meiner Mitarbeiterinnen und Mitarbeiter liegt.

Ich habe gute Kräfte und bei unserem Standort hier auf dem Land in der Oberpfalz, an der tschechischen Grenze, gibt es noch viele leistungs- und einsatzbereite Frauen und Männer. Häufig mag ich deshalb gar nicht kritisieren, sondern packe einfach selbst an und beseitige die Probleme, weil ich sehe, wie peinlich es meinen guten Kräften ist, daß sie mich durch ihre Unzuverlässigkeit wieder einmal wertvolle Zeit kosten.

Wenn ich diesen Zeitverlust nur halbieren könnte, würde mein Leben wesentlich schöner, annehmlicher und sicher auch noch erfolgreicher werden. Von den Verstimmungen und der Nervenkraft, die mich das alles kostet, einmal ganz abgesehen. Wie gehen andere Unternehmer in solchen Situationen vor?«

Mehr Zeit

Manfred Helfrecht: »Dafür gibt es ein einfaches Rezept:

Antwort

Ein Zeitplanbuch schafft Abhilfe

Statten Sie Ihre Mitarbeiterinnen und Mitarbeiter mit einem Zeitplanbuch aus, nicht mit einem reinen Terminplaner. Regen Sie sie an, in diesem Zeitplanbuch unter anderem folgende Blätter zu führen:

1. Meine täglich wiederkehrenden Aufgaben
2. Meine wöchentlich wiederkehrenden Aufgaben
3. Meine monatlich wiederkehrenden Aufgaben
4. Meine vierteljährlich wiederkehrenden Aufgaben
5. Meine jährlich wiederkehrenden Aufgaben.

All das, was es an wiederkehrenden Aufgaben gibt, wird auf diesen Blättern notiert. Damit werden Ihre Mitarbeiter schon sehr viel weniger von dem vergessen, was gemeinsam vereinbart wurde, was regelmäßig zu beachten und zu erledigen ist.

Ein ganz einfaches Hilfsmittel: AM2-Notizzettel für wiederkehrende Aufgaben.

Deutlich weiter kämen Sie mit dem HelfRecht-Planungssystem, zu dem neben dem HelfRecht-Zeitplanbuch auch das Praktiker-Handbuch »Zeitstreß – ade!« gehört. Hier finden Sie viele gute Tips, wie Sie Ihren Zeit- und Energieaufwand auf ein Minimum reduzieren können. Und: Ihre Mitarbeiter bekommen zusätzlich noch Spaß an ihrer Arbeit, weil sie kaum noch ein schlechtes Gewissen haben müssen. Zudem arbeiten Ihre Angestellten motivierter und wesentlich eigenständiger als zuvor. Das bedeutet also mehr Selbstverwirklichung und mehr Selbstbestimmung im eigenen Aufgabenbereich eines jeden Mitarbeiters.

Auch der PC kann eingesetzt werden

Ein nützliches Hilfsmittel: der Personal Computer.

Zum HelfRecht-Zeitplanbuch gibt es ein einfaches PC-Programm, mit dem Sie solche Blätter mit wiederkehrenden Aufgaben für die Zeitplanbücher Ihrer Mitarbeiter und auch für Ihr eigenes ausdrucken können. Diese Notizzettel lassen sich für die verschiedensten Bedürfnisse erstellen.

Dies ist zwar ein relativ einfacher Tip, dessen Umsetzung aber eine große Wirkung haben kann – und zwar auf höhere Rentabilität Ihres Unternehmens und bessere Schaffensstimmung für Sie und Ihre Mitarbeiter. Sie selbst haben dann die Wahl, ob Sie weiteren unternehmerischen Ehrgeiz entfalten und sich größere Ziele wählen oder ob Sie lieber Ihre Freizeit und Ihre Hobbys genießen wollen. Dafür haben Sie dann sehr viel mehr Zeit, Kraft und Geld zur Verfügung.«

Kann ich selbst Zeitplanseminare geben?

Mehr Zeit

C hristian Havilovic, Abteilungsleiter mit Prokura in einem Maschinenbau-Unternehmen mit 4 500 Mitarbeitern. Die Spezialität des Unternehmens sind Holzbearbeitungs-Maschinen bis hin zur Erstellung rationeller Großfertigungs-Anlagen für Serienmöbel:
»Unsere Geschäftsleitung ist sich beim Thema »Führungsmethodik und Management-Systematik« nicht einig. Das ist schade, weil wir dadurch viele Chancen vergeben. Ich habe schon zweimal beim Vorstands-Vorsitzenden angesetzt, aber ohne Erfolg. Er meint, ein für seine Unternehmeraufgabe begabter Mensch brauche so etwas nicht. Wer nicht für diese Aufgabe begabt sei, dem nütze es auch nichts.

Frage

Aufgrund meiner Erfahrung bin ich jedoch anderer Meinung. So habe ich vor zwei Jahren wenigstens das Einverständnis erreicht, meine wichtigsten Führungskräfte, Mitarbeiterinnen und Mitarbeiter mit dem HelfRecht-Planungssystem ausrüsten zu können. Eigentlich müßte der Führung ja auffallen, wie wir in dieser Zeit den anderen Abteilungen davongezogen sind. Aber man schreibt das nur meinen Führungstalenten zu. Mir soll es recht sein; schaden kann mir das nicht.

Die Führung merkt nicht, daß viele der Erfolge auf das HelfRecht-System zurückzuführen sind.

Eine wesentliche Stärke des HelfRecht-Zeitplanbuches ist, daß es die Mitarbeiterinnen und Mitarbeiter auch für die Planung ihrer privaten und persönlichen Interessen nutzen können.

Einer von ihnen setzt es sogar für die Führung eines Sportvereins mit viel Erfolg ein.

In unserem hausinternen Weiterbildungsprogramm werden Zeitplanseminare angeboten, die jedoch nicht auf ein bestimmtes Zeitplanbuch oder Zeitplansystem abgestellt sind. In diesen Seminaren wird generell über Zeitplanung gesprochen; es werden etwa zehn verschiedene Angebote dargestellt und den Seminarteilnehmern erklärt.

Den Nutzen des Zeitplanbuches voll ausschöpfen

Das HelfRecht-Planungssystem wird sicher großen Nutzen bringen.

Nun möchte ich aber den speziellen Nutzen und die dadurch entstehende Motivation des HelfRecht-Planungssystems für meine Abteilung voll ausschöpfen. Deshalb möchte ich gern selbst Zeitplanseminare für meine Mannschaft geben. Davon verspreche ich mir noch mehr Teamzusammenhalt und Orientierung auf mich als Führungskopf. Auch meiner Autorität würde es nützen, wenn ich auf diesem Gebiet selbst lehren könnte. Außerdem ist mir bewußt, wieviel Zeiteinsparung es mir persönlich bringt, wenn mein Team besser mit der Zeit umgehen und die Arbeiten sowie Aufgaben zeitlich besser disponieren kann. Daraus verspreche ich mir noch einmal eine weitere enorme zeitliche Entlastung für mich selbst. Kann man in Bad Alexandersbad im HelfRecht-Zentrum entsprechende Kurse belegen?«

Antwort

Manfred Helfrecht: »Wir haben es Ihnen sogar noch einfacher gemacht und bieten für Führungskräfte und Seminarleiter, die sich auf die Vermittlung des HelfRecht-Planungssystems spezialisieren wollen, einen »Trainerleitfaden« an.

Darin finden Sie nicht nur alle Zeitplanbuch-Form-
blätter erläutert, sondern auch eine Arbeits- und
Organisationsanleitung für ein eintägiges Zeitplan-
seminar auf der Basis des HelfRecht-Planungssystems. Auch die nach unserer Erfahrung wirksamsten Overhead-Folien sind Bestandteil des Trainer-
leitfadens. Geschrieben wurde der Leitfaden von
einem kompetenten Fachmann: Eckhard Seidel,
Vorsitzender der Geschäftsleitung der Unternehmen des Markenzeichenbereichs HelfRecht. Er hat
selbst jahrelang Zeitplanseminare gehalten und
sein Know-how in diesen Trainerleitfaden einge-
bracht. Ich bin mir sicher, daß Ihnen der Leitfaden
nicht nur den erwünschten Nutzen bietet, sondern
daß Sie auch Spaß an der Leitung solcher Zeitplanseminare haben werden.«

⊞

Der Trainer-
leitfaden ist
das ideale
Arbeitsmittel
zum inner-
betrieblichen
Zeitmanage-
ment-Training

Wie kann ich unproduktive Wartezeiten nutzen?

A do Kops, 35 Jahre alt:
»Ich bin freier Handelsvertreter. Mein Erfolg hängt zum wesentlichen Teil von einer sinnvollen Nutzung meiner Reisezeit ab, wobei ich bestmöglich nutze, was in Fachkreisen dazu bekannt ist. Eine Kundenkartei mit sorgfältiger Lagedarstellung ist für mich ebenfalls selbstverständlich. Zeitverlust entsteht für mich aber immer noch durch Wartezeiten, die aus zwei Gründen unvermeidbar sind:

1. Unsere Verkehrssituation erfordert große Zeitreserven.
2. Es gibt viele Kunden, die von Zeitplanung keine Ahnung haben und mich trotz vorher vereinbarter Termine vor ihren Büros sitzen lassen.«

M anfred Helfrecht: »Ich habe viel Verständnis für Sie. Dieses Problem bewegte mich schon früh, wenn ich als Führungskraft im elterlichen Bedachungsunternehmen zu Baustellenterminen ging, und dann eine halbe Stunde und mehr warten mußte. Selbstverständlich hätte ich dann mit unseren Mitarbeitern alle möglichen Gespräche führen können. Aber das hätte diese teuren Kräfte nur von der Arbeit abgehalten. An einer Baustelle ein Buch zu lesen oder einen Kaffee zu trinken ist aber auch nicht möglich. So prägte ich damals folgenden Satz: »Auf den pünktlichen

46

Menschen lastet ein Fluch. Sie verlieren einen großen Teil ihrer Lebenszeit nur dadurch, daß sie auf die Unpünktlichen warten müssen.« Und manchmal dachte ich sogar darüber nach, zu den Unpünktlichen »überzulaufen«. Aber welchen Nutzen hätte ich davon gehabt? Keinen! Denn bei zeitlicher und terminlicher Unzuverlässigkeit hätte ich von guten und leistungsfähigen Auftraggebern keine Aufträge mehr bekommen. So kam ich nach verschiedenen Tests auf eine Idee, die heute im HelfRecht-Zeitplanbuch zu finden ist.

Platz für schriftliche Notizen fehlte

Der damals verfügbare Leporello-Faltplaner mit zwölf Monaten gab mir nur die Möglichkeit, Ort und Termin von Vereinbarungen einzutragen, aber nicht Notizen zur Vorbereitung von Verhandlungen machen zu können. Diese Stichpunkte und Hinweise hatte ich dann irgendwo in der Aktentasche, was aber gerade auf Dach-Baustellen recht lästig war. So richtete ich mir damals in mein einfaches Großmann-Methode-Zeitplanbuch ein Register mit den zwölf Monaten ein, rechts mit einem ausgeschnittenen Griffregister versehen. Auf die linken Seiten klebte ich mir jeweils die Monats-Übersichten aus einem ausgeschnittenen Jahresfaltplaner. Rechts hatte ich dann noch genügend Platz, Gedanken und Ideen zu den Terminen zu notieren.

Ein Leporello-Faltplaner bietet zuwenig Platz für individuelle Notizen.

Die nächste Idee war dann, daß ich mir von unserem Drucksachen-Lieferanten Notizzettel in einem für mein Zeitplanbuch geeigneten Format drucken ließ. Diese Blätter waren etwas schmaler als die anderen Formblätter, damit sie das Griffregister nicht abdeckten. Außerdem waren sie gelocht, weil der Effekt, den ich erreichen wollte, nur mit einem Zeitplanbuch mit Ringmechanik möglich war. Nun konnte ich zu den einzelnen Monaten beliebig viele Blätter einlegen, um darauf meine wichtigsten Verhandlungen und Gespräche vorzubereiten. Bei den einzelnen Monaten lag dann also für jeden wichtigen Termin, für Urlaub und private Interessen, je ein eigenes Blatt. Darauf notierte ich alles, was mir im Laufe der vorhergehenden Monate für diesen Anlaß als wichtig einfiel.

Vielfach verwendbare Notizzettel für flexibles Planen.

Die Zuverlässigkeit wuchs

Deutlich spürte ich, wie sich von da ab meine Gesprächsführung mit Auftraggebern, Mitarbeitern, Lieferanten, aber auch Ämtern und Behörden, verbesserte. Bei sehr wichtigen und entscheidenden Gesprächen und Verhandlungen legte ich rechtzeitig vorher sogar einen Notizzettel mit Minus- und Plus-Zustand an. Auf dem Blatt »Minus-Zustand« beschrieb ich, welche Probleme auf mich zukommen könnten, welche Kritik ich zu hören bekommen würde, aber auch, welche Fragen und Schwierigkeiten in dieser Verhandlung ich erwarten müßte.

Optimale Verhandlungsvorbereitung durch Formulierung eines Plus- und Minus-Zustandes.

Demgegenüber formulierte ich dann auf dem Blatt »Plus-Zustand«, wie ich mich entsprechend gut dagegen wappnen könnte. Da standen Argumente – aber ich listete auch auf, was ich alles zur Unterstützung dieser Argumente mitnehmen wollte: beispielsweise Referenzschreiben, Muster, Berechnungen, fotokopierte Vorlagen aus der Fachliteratur, Baupläne und Kalkulationsunterlagen. Mit der Zeit wurde ich auf diese Art ein Meister in der Verhandlungskunst.

48

Dieses Vorgehen wirkte sich aber auch positiv auf meine Vorträge aus: Sie waren gut vorbereitet und ich konnte deshalb auch besser reden. Sogar meine Freizeit und die privaten Interessen konnte ich wirksamer, mit mehr Ruhe und Genuß realisieren. Früher war ich glücklich, am Freitagabend meinen damaligen Terminfaltplaner weglegen zu können, um diese »Arbeitspeitsche« bis Montagmorgen nicht mehr sehen zu müssen. Nun war es genau umgekehrt: Auch am Wochenende nahm ich gern mein Zeitplanbuch zur Hand, um die eine oder andere Idee festzuhalten.

Ideen kommen nicht auf Abruf

Später las ich dann in der Fachliteratur die beiden wesentlichen Gründe, warum mir diese einfache Einrichtung soviel mehr Erfolg ermöglichte:

1. Etwa 80 Prozent unserer Ideen zu Problemlösungen und Zielen kommen zu Zeiten, zu denen wir sie nicht brauchen. Wenn wir diese Ideen dann nicht gleich dort eintragen, wo wir sie später für unseren Erfolg benötigen, geht ein allzu großer Teil verloren. Und der nicht verlorengehende Teil hemmt unser kreatives Denken als Merkstoff-Ballast. Eines meiner Hobbys ist die Etymologie, die Wissenschaft vom Ursprung und der Geschichte der Wörter. Dabei stelle ich immer wieder mit größtem Interesse fest, wie unsere Vorfahren die einzelnen Wörter entwickelt haben und was sie sich dabei dachten. So bedeutete »merken« ursprünglich »behalten«. Unsere Vorfahren verglichen also offensichtlich die geistigen mit den körperlichen Händen. Wer beide Hände voller Werkzeuge und sonsti-

Wir alle wissen: Manchmal kommen uns Ideen zu den ungelegensten Zeitpunkten. Wenn wir dann nicht über ein sinnvolles Merkinstrument verfügen, sind diese Ideen verloren.

ger Arbeitsmittel hat, der kann nicht arbeiten. Wer seine geistigen Hände mit Merkstoffen überlastet, der lähmt seinen Geist. Wer nur mit Merken beschäftigt ist, hat keinen Freiraum mehr für gute Ideen, also für Kreativität.

Programmie-
ren Sie Ihr
Unterbewußt-
sein!

2. Unser Unterbewußtsein sucht dann intensiv nach Problemlösungs-Ideen, wenn es zum gleichen Ziel und zum gleichen Problem immer wieder Denkanstöße erhält. Nehmen Sie also in unregelmäßigen Abständen zur gleichen Aufgabe Blätter mit bereits festgehaltenen Ideen, zumindest mit der Zielformulierung, zur Hand. Dadurch programmieren Sie Ihr Unterbewußtsein und werden feststellen: Fast jedes Mal, wenn Sie einen solchen Notizzettel aus Ihrem Zeitplanbuch durchlesen, können Sie mindestens eine weitere gute Idee eintragen. Wenn solche guten Einfälle nach einer gewissen Zeit ganz ausbleiben, dann weiß ich, daß ich sorgfältig vorbereitet bin. Einen solchen Zettel nehme ich dann nur noch in sehr großen Zeitabständen vorsichtshalber zur Hand, um wirklich keine guten Ideen verlorengehen zu lassen.

Einfache
Hilfsmittel
steigern die
Kreativität.

Seitdem ich in meinem Zeitplanbuch dieses schlichte Arbeitsmittel habe, bin ich deutlich kreativer und – vor allem in Verhandlungen – erfolgreicher geworden. In der Fachliteratur konnte ich später dann häufig lesen: »Vorbereitung ist der wesentlichste Teil des Erfolges«. Heute ist dieser Methodik-Teil wesentlicher und unverzichtbarer Bestandteil des HelfRecht-Zeitplanbuches.

Sich über Wartezeiten nicht ärgern

Mehr Zeit

Wartezeiten sind heute meine Kreativzeiten. Was früher nutzlos vertane Zeit war, ist jetzt geschenkte, wertvollste Zeit für geistige Arbeit, für das Vorausplanen meiner Erfolge. Voraussetzung dafür aber ist: Das Zeitplanbuch muß stets dabei sein! Es hat deshalb etwa das Postkartenformat (etwa DIN A6), damit man es in der Freizeit in der Hosentasche, im Freizeithemd, im Sakko oder die Damen im Abendtäschchen mit sich tragen können.

Wichtig ist, daß ein Zeitplanbuch ständig mitgeführt werden kann.

Ich teste immer wieder unser HelfRecht-Zeitplanbuch, vergrößert auf DIN A5. Die dabei erlebten Nachteile sind der wesentliche Grund dafür, daß wir bislang kein DIN-A5-Format für das HelfRecht-Zeitplanbuch anbieten.

Denn Tatsache ist: Mit einem Zeitplanbuch im Westentaschenformat bin ich – unabhängig von einer Aktentasche – immer planungsfähig – ob ich beim Mittagessen eine Idee habe, mit einem Gesprächspartner Vereinbarungen treffe, in der Freizeit oder an einer Baustelle Notizen machen will.

Keine gute Idee geht verloren, jede Zusage wird so eingetragen, daß ich mittlerweile als höchst zuverlässig gelte. Denn wir wissen es: Zuverlässigkeit ist zusammen mit dem Nutzenbieten Erfolgsfaktor Nummer 1. Wer seine Zusagen nicht einhält, wird von Erfolgsmenschen gemieden und sackt zwangsläufig in das Milieu der Erfolgsarmen ab.

Mehr Zuverlässigkeit durch Zeitplanung.

Wieviel Zeitersparnis mir dieses einfache, immer und zu jeder Tages- und Nachtzeit verfüg-

Der Zeitgewinn kann für zusätzliche Freizeit oder auch für weitere berufliche Aufgaben genutzt werden.

bare Hilfsmittel – der heutige AM2-Notizzettel – brachte, kann nur schwer berechnet werden. Aber ich nehme an, daß ich dadurch mindestens 20 Prozent des ursprünglichen Zeitbedarfs einsparen konnte. Zusammen mit seinen weiteren Bestandteilen sind es mittlerweile wohl mehr als 60 Prozent Zeiteinsparung, die mir unser jahrzehntelang erprobtes, kleinformatiges Zeitplanbuch verschafft. Einen Teil der so gesparten Zeit verwende ich für ausgedehnte Erholungszeiten und Freizeit. Einen anderen Teil nutze ich für die Realisierung weiterer, interessanter beruflicher Aufgaben und Ziele. Denn trotz meiner Erfolge bin ich ein ehrgeiziger Mensch geblieben. Immer wieder lockt mich irgendein Ziel, um noch wirksamer mein schönes, großartiges Lebensziel zu verwirklichen.

Unternehmer sein und unternehmerische Erfolge zu bewirken, ist mittlerweile für mich Hobby und sportliche Leistungsfreude. Arbeit ist nicht der richtige Begriff dafür. Dann und wann sagt meine Frau, ich sollte doch noch weniger arbeiten – aber ich finde nichts, was auch nur annähernd so schön wäre wie meine Arbeit. Also bleibt es dabei, auch wenn ich es für meine materielle Existenz nicht mehr nötig hätte: Ich arbeite mit Spaß und Lust an meinen Zielen und muß nur immer wieder aufpassen, daß ich nicht zuviel arbeite.«

Mir fehlt noch die unternehmerische Sicht

Mehr Zeit

*C*onny *Kleemann* hat sich auf den Import von Kraftfahrzeug-Ersatzteilen in Spanien spezialisiert. Sein Firmensitz befindet sich in Barcelona. Er verzeichnet seit fünf Jahren jährlich nicht unter 40 Prozent Umsatzzuwachs pro Jahr. Die Gewinne wuchsen sogar noch stärker. Er hat sein Unternehmen so gut rationalisiert, daß er mit nur 20 Mitarbeitern im Büro und zehn Mitarbeitern für die notwendige Lagerhaltung zurechtkommt; die meisten Sendungen gehen direkt vom Lieferanten zum Besteller. Außerdem hat er acht Außendienst-Verkäufer. Vor sechs Jahren besuchte er die persönlichen und unternehmerischen Planungstage im HelfRecht-Zentrum:

Frage

»Die Ziele, die ich seinerzeit in Bad Alexandersbad im Periodenzielplan erarbeitete, habe ich bereits zwei Jahre früher als geplant erreicht.

Das Unternehmen wächst; ich werde vor allem im Management immer mehr gefordert. In diesem Jahr schaffe ich es nicht mehr, aber nächstes Jahr werde ich auch die HelfRecht-Management-Planungstage besuchen. Bis dahin brauche ich aber Ihren Rat, wie ich meine Berufliche Situationsanalyse um die persönlich-unternehmerische Sicht, um den Management-Bereich, ergänze. Auch wenn mir dies jetzt nur lückenhaft gelingt – ich will trotzdem nicht warten, bis ich nächstes Jahr nach Bad Alexandersbad kommen kann.«

Wie kann die Berufliche Situationsanalyse optimal genutzt werden?

53

Manfred Helfrecht: »Das HelfRecht-Management-System dient ausschließlich dazu, daß Sie Ihre unternehmerischen Hauptaufgaben wahrnehmen können, um so das Unternehmen auf Erfolgskurs zu steuern und zu halten. Deshalb ist es richtig, daß Sie bei der Erstellung Ihrer Beruflichen Situationsanalyse den ausschließlichen Schwerpunkt auf die fünf unternehmerischen Hauptaufgaben aus dem HelfRecht-Management-System legen. Diese Hauptaufgaben, mit denen Sie Ihren Erfolg als Führungspersönlichkeit ebenso wie den Erfolg des von Ihnen geleiteten Unternehmens sichern, lauten:

A. Analyse der Chancen des Unternehmens, Entwicklung der Unternehmens-Zielpläne, Ziel-Vereinbarung mit den Mitarbeitern
B. Auswahl, Führung, Motivation und Training der Mitarbeiter
C. Kontrolle der Zielerreichung
D. Planung und Organisation
E. Schaffung und Pflege wertvoller Kontakte

Die fünf unternehmerischen Hauptaufgaben sind unverzichtbar.

Mit diesen Unternehmer-Hauptaufgaben, die in jedem Fall die ersten Aufgaben in Ihrer Liste der Hauptaufgaben sind, führen Sie das Unternehmen oder den von Ihnen verantworteten Unternehmens-Bereich. Falls Sie darüber hinaus auch Durchführungs-Aufgaben wahrnehmen, formulieren Sie diese mit »F« beginnend in Ihrer Hauptaufgabenliste. Beispielsweise könnten Sie Konstruktion und Entwicklung selbst betreiben. Oder Großkunden persönlich betreuen und das jeweils als eigene Hauptaufgabe darstellen. Auch eine journalistische oder schriftstellerische Tätigkeit in Ihrer Branche wäre eine eigene Hauptaufgabe. Oder springen Sie in Spitzen-Umsatzzeiten selbst im Verkauf ein? Das wäre eine eigene Hauptaufgabe. Die Vertretung besonders qualifizierter Mitarbeiter oder die Vertretung von anderen Führungspersönlichkeiten im Unternehmen kann ebenfalls als Hauptaufgabe beschrieben werden.

Keinesfalls darf dafür jedoch eine der fünf unternehmerischen Hauptaufgaben des HelfRecht-Management-Systems entfallen. Damit würden Sie als Führungspersönlichkeit eine für Ihr Unternehmen gefährliche Lücke schaffen. Mit anderen Worten: Denken Sie zuerst an die fünf unternehmerischen Hauptaufgaben, dann erst an die Durchführungs-Hauptaufgaben!

Klarheit durch die Berufliche Situationsanalyse

Mit Ihrer Beruflichen Situationsanalyse gewinnen Sie Übersicht und Klarheit über die verschiedenen Arbeitsabläufe in Ihrem Aufgabenbereich. Sie behalten aber auch den Überblick über das, was im Unternehmen geschieht, und welche Aufgaben andere im Betrieb erledigen. Mit der Beruflichen Situationsanalyse sichern Sie nicht nur Ihr Know-how, sondern überprüfen auch immer wieder, ob Sie in allen Details bestmöglich vorgehen. Ihre vielfältigen Führungs-Aufgaben und -Herausforderungen können Sie nämlich nur dann optimal wahrnehmen, wenn Sie in allen Details überprüfen, ob Sie die von Ihnen geführten Menschen und die von Ihnen benötigten Mittel tatsächlich erfolgswirksam einsetzen. Dies gilt auch für Ihre vielfältigen Tätigkeiten, also für die Listen der Maßnahmen in Ihrer Beruflichen Situationsanalyse.

Die Berufliche Situationsanalyse schafft einen Überblick über die gesamten Arbeitsabläufe im jeweiligen Aufgabenbereich.

Wenn Sie noch mehr für Ihre Führungsaufgaben frei werden wollen, hilft Ihnen auch hier Ihre

Wie wir den
Zeitgewinn
nutzen,
entscheiden
unsere
Wünsche und
Neigungen.

Berufliche Situationsanalyse: Sie können die Hauptaufgaben, die Sie gerne aus der Hand geben wollen, so beschreiben, daß solche Aufgaben für geeignete Mitarbeiterinnen oder Mitarbeiter nachvollziehbar und damit durchführbar werden. So entlasten Sie sich und gewinnen mehr freie Zeit! Ob Sie diese Zeit für mehr Erholung, für Ihre Hobbys oder für neue unternehmerische Herausforderungen nutzen, werden Ihre Wünsche und Neigungen entscheiden.

Erinnern Sie sich? Die gesamte Berufliche Situationsanalyse ist eine Beschreibung des derzeitigen Ist-Zustandes; Wunschzustände oder Ideale – also der jeweilige Soll-Zustand – stehen nicht in dieser Analyse! Denn nur durch die Beschreibung des Ist-Zustandes mit allen seinen Mängeln werden Sie kreativ. Die so entstehende Mängelliste dient Ihnen dann als Grundlage für Ihre zukünftigen Ziele und Ihr Handeln. Aufbauend auf diese Liste formulieren Sie schließlich auch Ihre Vorgehenspläne und die einzelnen Positionen für den nächsten Unternehmens-Jahreszielplan. Aber nicht nur das: Ihr Management-Zielplan für den Monat und die Aktivitäten in Ihrem HelfRecht-Zeitplanbuch werden durch die Mängelliste Ihrer Beruflichen Situationsanalyse gesteuert und auf Erfolgskurs gebracht. Denn zwei wesentliche Leitlinien sind es, die Ihren Erfolg bestimmen – ähnlich wie die rechte und linke Leitplanke einer Autostraße:

Zum einen sind es die Positionen in den Unternehmens-Zielplänen, zum anderen die Mängel, die Sie in der Mängelliste Ihrer Beruflichen Situationsanalyse beschreiben.

Der »Kraftstoff« für den Motor Ihres Erfolgs-Fahrzeugs schließlich kommt aus den Zweckbeschreibungen. Dort beschreiben Sie den Nutzen, den Sie bieten, den Wert, den Sie durch die Wahrnehmung der entsprechenden Aufgaben für die menschliche Gemeinschaft darstellen. Sie entwickeln also das notwendige Selbstwertgefühl, um Charisma und Persönlichkeits-Ausstrahlung zu entwickeln und zu besitzen. Das sind letztlich die unternehmerischen Energien, mit denen Sie die für den Unternehmens-Erfolg und für Ihren persönlichen Erfolg wertvollen und notwendigen Leistungen anderer Menschen bewirken.

Mehr Zeit

Mit persönlicher Ausstrahlung andere Menschen für den Unternehmens-Erfolg gewinnen.

Unternehmensziele erfolgreich realisieren

Ihre unternehmerischen Ideale und Visionen stehen im Unternehmens-Lebenszielplan, Teilschritte davon im Unternehmens-Periodenzielplan. Ihr tägliches pragmatisches Handeln, das erfolgreiche Gestalten des Tagesgeschäftes, entwickeln Sie jedoch aus Ihrer Beruflichen Situationsanalyse: Erst die Vorgehensplanung und die HelfRecht-Zeitplanbücher als Realisierungsinstrumente sichern das erfolgswirksame Handeln und Vorgehen zu den geplanten Unternehmenszielen.

Selbstverständlich verfügt jeder Chef über Fotokopien der Beruflichen Situationsanalyse aller seiner Mitarbeiterinnen und Mitarbeiter, die ihre Analyse nicht ändern, ohne zugleich eine Kopie an den Chef zu geben und auf dem Original seine Einverständnis-Erklärung erhalten zu haben.

Der Vorgesetzte erhält Fotokopien der Beruflichen Situationsanalysen seiner Mitarbeiterinnen und Mitarbeiter.

Die Hauptaufgabenlisten werden vom jeweiligen Chef vorgegeben, selbstverständlich abgesprochen und abgestimmt mit den entsprechenden Mitarbeitern. Dadurch legen die Vorgesetzten die Verantwortungsbereiche und die Handlungsspielräume ihrer Mitarbeiter fest und gestalten sie. Letztlich sind alle Hauptaufgaben Ihrer Mitarbeiter Mosaiksteine der unternehmerischen Zielplanungen. Durch das Überlesen und Überprüfen der Hauptaufgabenlisten Ihrer Führungskräfte, beziehungsweise Mitarbeiterinnen und Mitarbeiter, können Sie also immer wieder prüfen, welche Aktivitäten eventuell überflüssig sind und entfallen können, oder welche Hauptaufgaben zusätzlich aufgenommen werden müssen, um die Unternehmens-Zielpläne zuverlässig zu realisieren.

Was ist überflüssig, wo gibt es Doppelarbeit?

Einfache Listen Ihrer täglich, wöchentlich, monatlich, vierteljährlich und jährlich wiederkehrenden Aufgaben helfen Ihnen zusätzlich, auch an das zu denken, was Sie leicht vergessen könnten. Selbstverständlich steht auf diesen Listen nicht all das, was Sie routinemäßig zur rechten Zeit erledigen. Aber immer dann, wenn Sie dazu neigen, etwas zu vergessen, ist es sinnvoll, dies auf den entsprechenden Zeitplanbuch-Notizzettel zu schreiben. Vielleicht benötigen Sie sogar das Blatt »Täglich wiederkehrende Aufgaben« gar nicht – allein Ihre Bedürfnisse entscheiden, ob Sie mit diesem einfachen Arbeitsmittel arbeiten. Die Notizzettel mit den wöchentlich, monatlich, vierteljährlich und jährlich wiederkehrenden Aufgaben sollten Sie jeweils zur monatlichen Vormerkplanung heften, um diese wiederkehrenden Aufgaben dann etwa am 20. eines Monats in die jeweiligen Tagespläne für den neuen Monat einzutragen. Anschließend werden diese Listen der wiederkehrenden Aufgaben dann in die Vormerkplanung für den nächsten Monat übernommen.«

Listen mit wiederkehrenden Aufgaben schließen aus, daß wichtige Arbeiten vergessen werden.

Kosten Führungskräfte nicht zuviel Geld?

Mehr Zeit

Dörthe Stenaker ist 30 Jahre alt und steht vor der Gründung eines eigenen Unternehmens (Spielwaren-Fachgeschäft) in Sachsen-Anhalt. Ihr Lebenswunsch ist ein großer Betrieb mit etwa 10 Filialen. Spezialisieren will sie sich auf Spielzeug, das Kinder unterrichtet und in ihrer Persönlichkeitsentfaltung fördert:

Frage

»Ganz zwangsläufig habe ich mich in der Zeit des Umbruchs auch mit der sozialen Seite des Unternehmertums befaßt. Ich verstehe vieles noch nicht und werde noch etliche Erfahrungen sammeln müssen. Aber eine Frage stellt sich mir immer wieder: Warum sind westliche Unternehmen leistungsfähiger als vergleichbare Firmen in der ehemaligen DDR, obwohl schon in kleinen und mittelständischen Betrieben die Inhabereinkommen und die Einkommen der Geschäftsführer so deutlich über den durchschnittlichen Einkommen der Mitarbeiter liegen, daß dadurch eine erhebliche Kostenbelastung für diese Unternehmen entsteht? Müssen die Mitarbeiterinnen und Mitarbeiter nicht sogar mehr leisten, um diese teuren Führungskräfte mit ihren kostspieligen PKWs und Büroausstattungen zu finanzieren? Stellt das nicht eine erhebliche Mehrbelastung dar, denn in den westlichen Bundesländern gibt es gerade im mittelständischen Bereich sehr viele Führungskräfte — weit mehr, als bei entsprechenden Betriebsgrößen in der ehemaligen DDR. Wenn ich nun ein Filialunternehmen nach westlichem Standard aufbaue, benötige ich also zwangsläufig

Müssen Geschäftsführer soviel mehr verdienen als ihre Mitarbeiterinnen und Mitarbeiter?

59

viele Führungskräfte. Komme ich dann noch mit den Kosten klar?«

Manfred Helfrecht: »Ein mittelständisches Unternehmen aufzubauen und später gut zu führen, stellt eine außergewöhnliche Herausforderung dar. Die Ergebnisse dieser Betriebe werden zum einen durch die guten Leistungen der Mitarbeiterinnen und Mitarbeiter erzielt, zum anderen aber auch durch einen außergewöhnlich hohen geistigen, psychischen und physischen Einsatz der Führungskräfte. Ein gutes Einkommen verlockt diese Frauen und Männer zwar dazu, Bestleistungen zu erbringen; psychisch wird diese Menschengruppe jedoch außergewöhnlich hoch belastet.

Psychische Stabilität ist Voraussetzung

Die psychischen und physischen Belastungen für eine Führungskraft sind überdurchschnittlich groß.

Eine Führungskraft mit schlechten Nerven macht sehr viel kaputt und kann kaum ein leistungsfähiges und wachsendes Unternehmen aufbauen oder führen. So sind also neben der guten Stimmung, die zusätzlich zu Höchstleistungen von solchen Persönlichkeiten verlangt wird, enorm belastbare und stabile Nerven eine Voraussetzung.

Zweifellos verlangt dies auch eine entsprechende private Lebensgestaltung. Da ist mancher zusätzliche Aufwand im Vergleich zu einer Frau oder einem Mann nötig, die beruflich normal gefordert werden. Das Mehreinkommen einer Führungskraft ist also zum einen Teil Verlockung, aber zu einem anderen Teil auch Honorierung des notwendigen Aufwandes, um die entsprechende nervliche, psychische und physische Belastbarkeit zu schaffen. Die Privatsphäre solcher Persönlichkeiten darf sie keine Kräfte kosten – im Gegenteil: Das private Leben und die Freizeit müssen eine außerordentliche Kräftequelle darstellen, um die beruflichen Herausforderungen bei bester Stimmung und mit Höchstleistungen durchzustehen. Und gerade das Ausstrahlen einer positiven Stimmung ist besonders wichtig, da der Wettbewerb vor allem im emotionalen Bereich entschieden wird – und nicht nur durch die rein sachliche und pragmatische Leistung.

Mehr Zeit

Nur bei bester Stimmung lassen sich große Herausforderungen meistern.

Ich empfehle Ihnen, daß Sie und auch Ihre Führungskräfte permanent zwei Listen als eine Art kleine Kräftequellen-Analyse führen:

☐ Wer oder was belastet in Ihrem privaten Bereich Ihre Stimmung (menschliches Umfeld, materielles Umfeld, Situationen, in denen sich solche Stimmungsbelastungen ergeben)?

☐ Eine solche Liste legen Sie bitte auch für Ihren beruflichen Bereich an.

Haben Sie diese Listen erstellt, legen Sie fest, was in Ihre Monatszielpläne und in den nächsten Jahreszielplan einfließen muß, um Ihre Lage in den von Ihnen beschriebenen Problembereichen positiv zu verändern. Handelt es sich um besondere berufliche oder private Herausforderungen, kann auch Ihre mittelfristige Zielplanung betroffen sein: Sie nehmen sich die wesentlichen Schritte zur Verbesserung Ihrer Situation dann erst zur Realisierung im Rahmen eines Fünf- bis Zehn-Jahres-Zielplanes vor.

Was wollen Sie kurz- oder mittelfristig ändern?

Ein bewährtes persönliches Planungssystem und später, wenn Ihr Unternehmen größer ist, auch ein unternehmerisches Planungssystem sind dafür unverzichtbar. Nur so können Sie verhindern, daß Zufälle die Entwicklung Ihrer Firma bestimmen und Ihre Stimmung extrem belastet wird. Unter solchen Umständen können Sie Ihren Betrieb kaum noch gut und erfolgreich führen. Ihnen fehlt es dann an Kreativität, an Intuition für gute Pläne sowie an der psychischen und physischen Kraft zur Durchsetzung und Verwirklichung dieser Pläne.«

Erfolgreiche Unternehmer wissen, was sie wollen

3

Was ist wichtiger – Planen oder emotionales Handeln?

E *berhard Rihnke* hat sich vor sechs Jahren in der EDV-Branche selbständig gemacht. Er beschäftigt mittlerweile mehr als 100 Mitarbeiter in seinem Unternehmen in Stuttgart. Sein Betrieb arbeitet rentabler als der Branchendurchschnitt, aber der Firmenchef hat den Ehrgeiz, noch mehr zu erreichen:

»Ich habe viel erreicht, bin jedoch ehrgeizig und dynamisch und glaube, in meinem Leben nie mit dem Erreichten zufrieden zu sein. Weil ich mit Ihrem Planungssystem arbeite, habe ich auch genügend Freizeit. Meine Lebensgefährtin schätzt meinen Ehrgeiz und meine unternehmerische Dynamik, gerade weil auch genügend Zeit bleibt, daß wir das Verdiente miteinander genießen können.

Derzeit befinde ich mich in einer Orientierungs-Phase. Wie weiter? Wohin? Wie noch besser? Wie halte ich meine guten Mitarbeiter? Wie gewinne ich in einer Zeit der Hochkonjunktur gute Kräfte; kann ich sie irgendwo legal abwerben?

Ich habe, um auf meine Fragen Antworten zu bekommen, in letzter Zeit intensiv Ihre Zeitschrift »methodik« gelesen. Ich fand gute Ratschläge, die mir aber nicht zum Durchbruch verhalfen. Vor allem verunsichert mich, daß Sie sich auf der einen Seite Studienzentrum für persönliche und unternehmerische Planungsmethoden nennen, auf der anderen Seite aber die Auseinandersetzung mit den emotionalen Faktoren in Ihrer Zeitschrift

einen außergewöhnlich großen Raum einnimmt. Ziele erreichen
Welchen Sinn hat das? Denn gerade um meine
Emotionalität zu bremsen, um damit nicht, wie
früher, Unheil anzurichten, arbeite ich mit Ihrem
Zeitplanbuch. Was ist denn nun wichtiger – zu
planen oder emotional zu handeln? Beides kann
doch zu Erfolg, aber auch Mißerfolg führen. Wie
soll ich mich orientieren?«

Manfred Helfrecht: »Beides ist gleich wichtig! Antwort
Erfolgreiche Führungspersönlichkeiten
müssen zum einen sorgfältig analysieren und das
eigene Handeln planen, zum anderen aber auch
über Emotionalität verfügen, um Überzeugungs-
und Durchsetzungskraft zu besitzen. Nur so
können sie für gute Stimmung im Unternehmen
sorgen als Voraussetzung dafür, daß eine gut
gestimmte, einsatzfreudige Mitarbeiterschaft
vorhandene Pläne mit Erfolg realisiert.

Emotionen bekommen ein immer
größeres Gewicht

Zweifellos liegen die Chancen und Stärken
mittelständischer Unternehmen – im Vergleich zu
Großbetrieben – vor allem im emotionalen Be- Emotionalität ist gerade im kleinen und mittleren Unternehmen von höchster Bedeutung.
reich, denn nur in kleinen und mittleren Firmen
kennt der Chef noch jeden Mitarbeiter mit Namen
und ist über seine wesentlichen Charakteristika
sowie wichtige Stationen seines Lebensweges
informiert. Da kann er mitmenschlich sehr viel
mehr für seine Mitarbeiterinnen und Mitarbeiter
tun.

Das emotionale »Sich-Wohlfühlen« ist für
gute Mitarbeiter ein wesentlicher Leistungsanreiz.

Aber auch Kunden bleiben den Unternehmen treu, bei denen sie ein positives Gefühlserlebnis hatten. Schließlich engagieren sich Lieferanten vor allem für jene Firmen, die ihnen neben der materiellen Nutzenernte auch eine sympathieweckende Zusammenarbeit bieten.

Gut geführte Unternehmen haben leistungsfähige und leistungsfreudige Mitarbeiterinnen und Mitarbeiter.

Interessant sind dazu die Erfahrungen des Instituts für Mittelstandsforschung in Bonn: In gut geführten Unternehmen arbeiten überwiegend leistungsfreudige und leistungsfähige Mitarbeiter; die Fluktuation in solchen Betrieben ist zudem geringer als in anderen Firmen. Und es hat sich gezeigt, daß leistungsunlustige und leistungsunfähige Mitarbeiter in den so geführten Unternehmen sogar von ihren Kollegen gemieden werden und sich unter anderem deshalb dort nicht wohlfühlen.

Auf einen einfachen Nenner gebracht bedeutet das:
- [ ] Gut geführte Unternehmen: gute Mitarbeiter.
- [ ] Schlecht geführte Unternehmen: schlechte Mitarbeiter.

Gute Mitarbeiterinnen und Mitarbeiter fühlen sich in einem schlecht geführten Unternehmen nicht wohl.

Wer sich also durch berufliche Bestleistungen selbst verwirklichen will, wird sich in einem Unternehmen, das ihm diese Möglichkeit nicht bietet, auch nicht wohlfühlen. Er oder auch sie wird bewußt oder unbewußt solange suchen, bis das Unternehmen gefunden ist, in dem der persönliche Ehrgeiz entfaltet werden kann.

Um diese positive Tendenz zu nutzen und zu verstärken, ist jedoch unabdingbare Voraussetzung, daß die Führung plant und daß Mitarbeiterinnen und Mitarbeiter in einem einfachen, gut handhabbaren Planungssystem geschult werden.

Ebenso wichtig ist aber auch, daß Führungskräfte ihre emotionalen Persönlichkeitsaufgaben erkennen, stärken und ausbauen. Denn diese Anlagen als Charaktermerkmale sind es, die so wichtig sind für die herausragenden Führungsqualitäten:

Ziele erreichen

☐ Motivationsfähigkeit,
☐ überzeugende Persönlichkeit,
☐ Ausdauer,
☐ Durchsetzungsvermögen und
☐ die Fähigkeit, in schwierigen Phasen andere mitreißen zu können.

Emotionale Kräfte stärken

Aber wie können Sie Ihre emotionalen Kräfte analysieren und stärken? Dazu empfehle ich Ihnen folgendes Vorgehen:

Es lohnt sich, die emotionalen Kräfte zu analysieren und zu stärken.

1. Beschreiben Sie Ihre Wünsche! Schreiben Sie auf, was Sie besonders glücklich macht und wofür es sich für Sie lohnt, zu arbeiten und zu kämpfen! Hieraus entsteht Ihre persönliche Dynamik. Dies ist in der Psychologie als »Motorik« bekannt, was bedeutet, »emotional starke Wünsche haben« und »fähig sein, an deren Erfüllung zu arbeiten«.
2. Ihre Fähigkeit, mitmenschliche Beziehungen zu pflegen, ist wesentlicher Erfolgsfaktor. Schon bei Goethe können wir lesen: »Der isolierte Mensch kommt nicht ans Ziel.« Deshalb pflegen erfolgreiche Persönlichkeiten fast immer sehr viele positive Kontakte – und überlassen das nicht dem Zufall, sondern gehen dabei methodisch vor. Zwar sind die eigentliche Basis für Ihre mitmenschlichen Kontakte Ihre Emotionen und Ihre Ausstrahlung – das alles nutzt

Ihnen jedoch nichts, wenn Sie nicht fair und zuverlässig sind. Unzuverlässige Menschen werden nämlich von erfolgreichen gemieden, weil sie ihren Erfolg auf wiederum erfolgreiche »Zulieferer« – Mitarbeiter wie auch Lieferanten – stützen. Und was ist besser für die Zuverlässigkeit als ein bewährtes Planungssystem?

Der Kunde will heute nicht nur materiell gut bedient werden, sondern auch seine emotionalen Bedürfnisse gestillt bekommen.

3. Schreiben Sie auf, wem Sie mit Ihren Leistungen welchen Nutzen bieten! Die meisten Menschen geben es nicht zu, aber sie handeln nach der Devise: »Ich trage mein Geld dahin, wo ich am meisten emotionalen oder materiellen Nutzen dafür erhalte.« Materielles und emotionales Nutzenbieten müssen also gleichermaßen gepflegt werden, denn der Kunde wünscht nicht nur die rein sachliche Leistung, sondern er will auch mitmenschlich und liebenswürdig behandelt werden.

4. Entfalten Sie sich selbst! Die von A.H. Maslow begründete Theorie der Bedürfnisbefriedigung hat belegt: Die Selbstentfaltung ist die für Menschen emotional bewegendste Kraft! *(Abbildung 5)* Mediziner und Psychologen sagen aus, daß der emotionale Stau in Menschen, die sich nicht selbst verwirklichen können, gravierende psychische und physische Wirkungen haben kann: Mißstimmung und Krankheit!

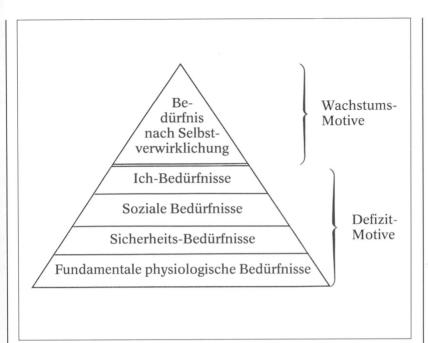

*Abbildung 5:
Die Hierar-
chie der
Bedürfnisse
nach Maslow.
(Quelle:
»methodik«,
II/89)*

Leitbilder sind ein Ausdruck unserer Prägungen

Ein Beispiel dazu: Menschen, die politische Persönlichkeiten als ihre positiven oder negativen Leitbilder beschreiben, haben sehr oft politische Ambitionen. Da kann es sich um bundespolitische Interessen handeln, aber auch um Vereinspolitik, um Einfluß in Vereinen oder Berufsverbänden.

Ich habe aber auch leidenschaftliche und erfolgsdynamische Führungspersönlichkeiten und Unternehmer kennengelernt, deren positive oder negative Leitbilder Unternehmer oder unternehmerisch erfolgreiche Frauen oder Männer waren.

Unser Inneres
orientiert sich
oftmals an
Leitbildern.

69

Durch das Beschreiben Ihrer Leitbilder werden Sie feststellen: Sie erkennen leichter Kräfte, die Sie brauchen, um Ihre sachlich-pragmatischen Pläne besser realisieren zu können. Und: Die dafür bestgeeigneten Frauen und Männer werden Sie ebenfalls leichter finden!«

Ist das Gefühl entscheidender als der Verstand?

Ziele erreichen

Helge Vietor, Geschäftsführer eines Buchhandel-Filialbetriebes mit sechs Geschäften in Hessen:

Frage

»Als Diplom-Betriebswirt habe ich es gelernt, die Lage sorgfältig zu analysieren und daraus die sinnvollen und vor allem wirtschaftlich aussichtsreichen Schlußfolgerungen zu ziehen. Danach gehe ich sehr sorgfältig auf betriebswirtschaftlich solider Basis vor.

Trotz dieser unbestreitbar wichtigen Analyse und der rationalen Vorgehensweise stelle ich jedoch immer wieder fest, daß meine Mitarbeiterinnen und Mitarbeiter nicht genügend motiviert sind, um mit mir an einem Strang zu ziehen.

Sehr zu denken gab mir, was mir vor kurzem eine Dame sagte, deren Mitarbeit ich sehr schätze. Sie meinte, ich sei ein so nüchtern-pragmatischer Rechner, von dem gar keine Ausstrahlung ausginge. Und: Menschen würden aus Zuneigung zu ihrem Chef eher zu Bestleistungen bewegt als durch meine nüchterne Art. Das erscheint mir nicht logisch. Aber, so frage ich mich, ist nicht doch ein Fünkchen Wahrheit in dieser Behauptung? Denn schon oft habe ich mich geärgert, daß »emotionale Begeisterer« unter meinen Konkurrenten mehr Erfolg haben als wir soliden und exakten Betriebswirte.«

Müssen Mitarbeiterinnen und Mitarbeiter ihren Chef mögen?

71

Manfred Helfrecht: »Das rein sachliche Planen ist die eine Seite. Die Emotionalität, die notwendig ist, um gute Ideen für Pläne sowie Ausdauer und Durchsetzungskraft für ihre Realisierung zu haben – das ist die andere Seite.

Um Pläne erfolgreich zu realisieren, bedarf es starker eigener Emotionalität, um daraus Durchsetzungskraft und Überzeugungsfähigkeit zu entwikkeln. Ganz wichtig sind aber die emotionale Bindung und das emotionale Mitspielen von Mitarbeitern und Lieferanten, um den Erfolg betriebswirtschaftlich sorgfältig erarbeiteter Konzepte zu sichern.

Auch Kunden werden heute nicht mehr nur rein sachlich überzeugt und zufriedengestellt; sie wollen vielmehr insbesondere die emotionalen Bedürfnisse befriedigt bekommen. Gerade weil das Angebot vergleichbarer Konkurrenten ziemlich identisch ist, werden Kunden jenen Unternehmen treu bleiben, deren Mitarbeiterinnen und Mitarbeiter ihre emotionalen Bedürfnisse erfüllen. Wo man sich wohlfühlt, kauft jeder lieber ein, als dort, wohin man – bei gleichem Angebot – nur mit Unbehagen geht. Und gerade in Ihrer Branche – im Buchhandel – sind die Angebote von Wettbewerbern im höchsten Maße vergleichbar.

Verstand und Gefühl müssen zusammentreffen

Zwei Faktoren sind es also, die unseren Erfolg bestimmen:
☐ rationales, vernünftiges, rechnerisches und betriebswirtschaftlich sorgfältiges Denken sowie

72

☐ Gefühle, bildhaftes Sehen von Zielen, emotionale Bedürfnisse und der Wunsch nach deren Befriedigung.

Ziele erreichen

Und nicht ohne Grund spricht die Wissenschaft heute davon, daß die beiden Hälften unseres Gehirns unterschiedliche Funktionen wahrnehmen: In der linken Gehirnhälfte ist das rationale, sachliche Denken angesiedelt, während die rechte Hälfte emotional, bildhaft und gefühlsbetont arbeitet.

Beste Pläne können deshalb unter Umständen nur mit allergrößten Schwierigkeiten realisiert werden, wenn Partner, Mitarbeiterinnen und Mitarbeiter oder Lieferanten emotional dagegen eingestellt sind. Einen Kunden zu überzeugen, zu gewinnen und auch langfristig zufriedenzustellen, ohne seine emotionalen Bedürfnisse zu berücksichtigen und mit zu befriedigen, dürfte unmöglich sein. Mit anderen Worten: Das rationale Disponieren ist so wichtig wie das emotionale Erleben und Erleben lassen. Wenn Sie also betriebswirtschaftlich alles sorgfältig geplant haben, sollten Sie nun den Schwerpunkt auf die emotionale Seite legen.

Rationalität und Emotionalität müssen in einem ausgewogenen Verhältnis stehen.

Meine Empfehlung dazu lautet: Machen Sie zwei Listen. Auf der einen Liste formulieren Sie alles, was Sie verstimmt und in Ihrem emotionalen Wohlbefinden beeinträchtigt.

Auf der zweiten Liste beschreiben Sie, was Sie erfreut, was Sie glücklich macht und wie für Sie frohe Stunden aussehen. Denn: Nur jene Menschen können anderen den Weg zu emotionaler Zufriedenheit zeigen, die überwiegend selbst emotional zufrieden sind.

Was macht Sie glücklich?

73

Wo fühlen wir uns wohler?

Prüfen Sie einmal in Ihrem Urlaub oder in Ihrer Freizeit verschiedene Unternehmen, beispielsweise Einzelhandelsgeschäfte, unter den erwähnten Gesichtspunkten. Sie werden feststellen: In einem Betrieb, in dem die Führung heiter, gut gestimmt und überwiegend frohgelaunt ist, sind auch alle Mitarbeiter bis hin zu den jüngsten Kräften gut gestimmt. Diese positive Stimmung erfreut Kunden und veranlaßt sie, immer wieder in dem entsprechenden Geschäft einzukaufen – und das sogar auch dann, wenn die gleiche Leistung in einem anderen Unternehmen günstiger zu erhalten ist.

Die Stimmung der Führung ist ausschlaggebend für die der Mitarbeiterinnen und Mitarbeiter.

Daraus ergibt sich: Eine der wichtigsten Anforderungen an Führungspersönlichkeiten ist, sich selbst eine emotional gedeihliche Umwelt zu schaffen. Nur daraus kann die Kraft für ein positives eigenes Gefühlsleben gewonnen werden, was wiederum positive Auswirkungen auf das beruflich-menschliche Umfeld hat.

Welche Ursachen gibt es für Stimmungsbelastungen?

Wenn Sie die zuvor empfohlenen zwei Listen erstellt haben, sollten Sie für jede Position der Listen ein eigenes DIN-A4-Blatt anlegen. Beschreiben Sie sorgfältig – durchaus drastisch und emotional –, ausgehend von der Negativ-Liste, die Ursachen jeder Stimmungsbelastung und ihre Auswirkungen.

Die zweite Aufgabe ist es dann, zu jeder Position auf der Positiv-Liste ein eigenes Blatt anzulegen. Beschreiben Sie darin, was Ihnen diese annehmlichen Erlebnisse bedeuten und wie Ihr Gefühlsleben davon positiv beeinflußt wird.

Und nun beschreiben Sie auf zwei getrennten Blättern: Welche Ziele ergeben sich aus diesen Ausarbeitungen für Sie? Was nehmen Sie sich als nächstes Jahresziel vor? Was streben Sie mittelfristig an – etwa innerhalb der nächsten fünf Jahre?

Denken Sie in diesem Zusammenhang auch an die beiden folgenden Aussagen von Friedrich Nietzsche:

»Alles Klagen ist Anklagen,
alles Sichfreuen ist Loben:
Wir mögen das ein oder
das andere tun, immer machen
wir jemanden verantwortlich.«

»Wer viel Freude hat,
muß ein guter Mensch sein.
Aber vielleicht ist er
nicht der klügste,
obwohl er gerade das erreicht,
was der Klügste mit
all seiner Klugheit erstrebt.«

75

Der Preis allein bestimmt nicht!

Um Verständnis für das Zusammenspiel von Gefühl und Verstand zu wecken, fragte ein mir bekannter Chef alle seine Mitarbeiterinnen und Mitarbeiter, auch die Auszubildenden: »Stellen Sie sich vor, daß Sie am Wochenende mit Ihrem Lebensgefährten ausgehen wollen. Sie wollen in einem schönen Restaurant gut essen. Zwei Möglichkeiten bieten sich Ihnen an:

☐ Im Restaurant A gibt es Ihre frisch zubereiteten Lieblingsspeisen. Außerdem ist das Lokal aufwendig eingerichtet, es ist Ihnen sympathisch und spricht Sie positiv an. Aber: Das Personal ist meist überarbeitet, mißlaunig und gereizt.

Häufig entscheiden unsere Gefühle darüber, was wir aus einer Palette von vergleichbaren Produkten/ Dienstleistungen auswählen.

☐ Sie kennen jedoch auch das Restaurant B. Hier bekommen Sie ebenfalls Ihre Lieblingsgerichte, gut gewürzt und frisch zubereitet. Auch dieses Lokal ist sympathisch und geschmackvoll eingerichtet, wie Sie es schätzen. Hier jedoch behandelt Sie das Personal freundlich, liebenswürdig und entgegenkommend. Schon wenn Sie das Restaurant betreten, kommt sehr schnell eine der Mitarbeiterinnen oder einer der Mitarbeiter auf Sie zu und Sie werden gefragt, wo Sie gerne sitzen möchten. Bei der Ablage der Garderobe ist man Ihnen behilflich, und wenn Sie die Speisekarte studieren, werden Sie auf die frischesten und die am meisten geschätzten Speisen hingewiesen.

Restaurant A ist jedoch 15 Prozent preiswerter als Restaurant B.«

Die Frage an die Mitarbeiterinnen und Mitarbeiter lautete nun: »In welches der beiden Restau-

76

rants werden Sie gehen? In das billigere oder in das teuerere?« Die Antwort war überraschend. Selbst Mitarbeiterinnen und Mitarbeiter, die noch recht wenig verdienten, waren durchaus bereit, einen höheren Preis in Kauf zu nehmen und hätten lieber das Restaurant besucht, in dem sie besser und liebenswürdiger behandelt würden. Die Begründung lautete, daß durch die Freude und die gute Stimmung der dort arbeitenden Menschen das Essen und das Ambiente des Restaurants erst so richtig genossen werden könne.

Ziele erreichen

Entscheidend: Liebens- würdigkeit und gute Stimmung.

Betrachten Sie nun die betriebswirtschaftliche Seite: Beide Restaurants haben etwa die gleichen Kosten. In dem einen Restaurant führt jedoch eine durch ihr Privatleben und ihre sonstigen Lebensumstände gereizte Persönlichkeit die Mitarbeiter. Im anderen Restaurant dagegen ist die Führung froher Stimmung und strahlt dies und ihre positive Lebenssicht auch auf die Mitarbeiterinnen und Mitarbeiter aus.

Stimmung als Produktionsfaktor

Damit läßt sich sogar betriebswirtschaftlich beweisen: Stimmung ist ein Produktionsfaktor, denn im Restaurant mit der guten Schaffensstimmung werden die besseren Umsatz- und Ertragsergebnisse erwirtschaftet!

Daraus folgt, daß jede Führungspersönlichkeit allein schon aus Verantwortung für ihr Unternehmen ihr eigenes Umfeld positiv beeinflussen und verändern muß, um so das eigene Gedeihen zu fördern.

Positive Stimmung ist wichtig für das Unternehmen und für die eigene Person.

Ein Beispiel dazu: Vor einigen Jahren besuchten meine Frau und ich Amalfi, einen wunderschö-

Mehr Kunden trotz vorhandener Nachteile.

nen alten Urlaubsort südlich von Neapel mit langer, eindrucksvoller Geschichte. Amalfi hat einen öffentlichen und daran anschließend einen privaten Strand mit drei Bars. In der Vorsaison, in der wir uns dort aufhielten, war eine der Bars meistens schon gut besucht – obwohl die beiden anderen Bars größer waren, einen größeren Strand hatten und aufwendiger eingerichtet waren. Schon nach wenigen Tagen fiel uns auf, daß wir selbst auch immer in diese kleinere Bar gingen, obwohl die Ausstattung schlichter, die Räumlichkeiten und der Strand enger waren.

Mehr Gewinn durch Liebenswürdigkeit

Wir suchten nach dem Grund und stellten fest: In der kleineren Bar mit dem unbedeutenden Stück Strand waren die Angestellten ganz einfach liebenswürdiger und freundlicher als bei ihren Wettbewerbern! So kannten die im Service arbeitenden Damen und Herren die Begrüßungsworte in den Sprachen ihrer Gäste; sie waren immer freundlich und entgegenkommend. Ein älterer Herr war zudem auf dem kleinen Stück Strand nur unterwegs, um den Gästen kleine Aufmerksamkeiten und Liebenswürdigkeiten zu erweisen. So rückte er der einen Dame den Sonnenschirm weiter, damit sie wieder Schatten hatte, und einem Herrn half er, den Liegestuhl richtig einzustellen. Und für ein Ehepaar, das meistens intensiv mit Lesen beschäftigt war, beaufsichtigte er so ganz nebenbei die beiden Kinder. Er nahm Getränkewünsche entgegen und überbrachte sie dem Servicepersonal. Weitere Aufgaben hatte dieser liebenswürdige alte Herr nicht. Aber er war so wichtig für diesen kleinen Betrieb! Denn er be-

Kleine Aufmerksamkeiten sichern die Kundentreue.

78

wirkte offensichtlich, daß die meisten Menschen die kleine Bar mit dem kleinen Strand besuchten.

Ziele erreichen

Zurück zu den betriebswirtschaftlichen Gesichtspunkten: Die beiden anderen Bars hatten im Vergleich zu diesem kleineren Betrieb höhere Kosten für Räumlichkeiten, Strandpacht und aufwendigere Einrichtung. In der Vorsaison und vermutlich auch in der Nachsaison waren sie jedoch weit weniger gut besucht. Die Bar mit den geringeren materiellen Aufwendungen war dagegen in Vor- und Nachsaison gut ausgelastet. Fazit: Das Unternehmen mit den geringeren materiellen Aufwendungen hatte also eindeutig die besseren Erträge, weil sich die Gäste dort wohler fühlten und emotional angesprochen waren.«

Wer sich wohlfühlt, kommt gern wieder.

⊞

Gibt es eine Methode, die den Unternehmenserfolg garantiert?

Harro Kurz aus Göttingen sprach mich provozierend an:
»Ich habe mich mit einer kleinen Fertigungsanlage für Kraftfahrzeug-Spezialfedern selbständig gemacht, weil ich es vorher in drei Unternehmen erfolglos versucht hatte, als Mitarbeiter und auch Führungskraft meine realistischen und nicht einmal egoistischen Vorstellungen zu verwirklichen. In jedem dieser drei Fälle lag mir daran, den Ruf des Unternehmens durch Bestleistungen für den Kunden auf- und auszubauen. Doch die Rechthaberei der jeweiligen Chefs machte mir diese Selbstverwirklichung unmöglich.

Jedes Mal mußte ich verblüfft feststellen, daß der jeweilige Inhaber oder Geschäftsführer den Erfolg seines Unternehmens eher behinderte als förderte. Ich meine: Es waren immer egoistische persönliche Ziele, die es verhinderten, das Unternehmen als gedeihlich arbeitende Gemeinschaft wirken zu lassen, und ich hatte stets den Eindruck, daß die Eitelkeiten und Instinkt-Bedürfnisse dieser Menschen mehr als alles andere im Vordergrund standen.

Diese Personen sahen also als erstes ihren persönlichen Erfolg – nicht den des Unternehmens! Aber was für mich besonders interessant war: die drei Betriebe waren relativ erfolglos. Sie krebsten gerade dahin; bei jedem Stürmchen mußte man Sorge haben, daß ihnen das Licht ausgeblasen wird.

80

Schon seit meiner Jugend verehre ich jedoch Persönlichkeiten, die ihre Firmen zu bedeutendem Ruf und zu großer Wohlhabenheit führten – Menschen, die auch von den meisten ihrer Mitarbeiterinnen und Mitarbeiter verehrt werden. Es wäre mein großer Wunsch gewesen, für eine solche Führungspersönlichkeit zu arbeiten. Aber die, die ich verehrte und bewunderte, waren für mich nicht erreichbar, ich hatte nicht genügend Selbstvertrauen, mich bis in ihren persönlichen Wirkungskreis hochzuarbeiten.

Ziele erreichen

Es mangelte an Selbstbewußtsein.

In den letzten Jahren habe ich in Fachzeitschriften einige Berichte über Ihre HelfRecht-Planungstage in Bad Alexandersbad gelesen. Es gab zwar unbedeutende kritische Anmerkungen, aber insgesamt drückten die Berichte durchweg Wertschätzung und Empfehlung aus. Meistens wurde berichtet, daß es vor allem Führungspersönlichkeiten, Geschäftsführer, Freiberufler und Selbständige sind, die aus Ihrem Leistungsangebot Nutzen ziehen. Eines verstehe ich aber nicht: Gute Führungskräfte, die ich kenne, sind reine Individualisten; jeder besitzt andere persönliche Qualitäten und Stärken, die verschiedenen Vorgehensweisen sind weder einheitlich noch uniform.

Aber Ihr Planungssystem soll doch Führungspersönlichkeiten bilden, stärken und zur Entfaltung bringen. Demnach müßte es doch eine einheitliche, ganz bestimmte Methodik für den Unternehmererfolg geben. Und gerade daran zweifle ich sehr. Zudem las ich vor kurzem eine Aussage des deutschen Betriebswirtschafts-Professors Hermann Simon, der sinngemäß sagte: Es gibt bis heute noch keinen Ausbildungsweg für den Beruf des Unternehmers. Wer das Gegenteil behauptet,

Zweifel an »Erfolgsmethoden«.

ist ein Scharlatan. Ist das also Scharlatanerie, was Sie in Bad Alexandersbad anbieten?«

Manfred Helfrecht: »Es ist schon richtig, was Professor Simon sagt: Es gibt keinen Bildungsweg für den Beruf »Unternehmer«. Aber es gibt Analysemöglichkeiten, mit denen Menschen feststellen können, ob sie aufgrund ihrer Persönlichkeit für unternehmerischen oder Führungserfolg begabt sind. Ist diese Voraussetzung gegeben, ist zusätzlich eine gewisse Arbeits- und Planungsmethodik notwendig, um den Erfolg tatsächlich zu realisieren – denn mit chaotischem Hin- und Herspringen wird niemand erfolgreich!

Viele Wissensgebiete müssen berücksichtigt werden. Vielleicht ist der Beruf des Architekten ein Beispiel: Die künstlerische Begabung für gute Entwürfe ist Veranlagung. Aber: Auch der Architekt muß sich den Regeln der Baukunst, der Statik sowie den gesetzgeberischen Vorschriften unterwerfen und danach seine Pläne erstellen.

Ein Unternehmer muß die vielfältigsten Wissensgebiete kennen und in seine Entscheidungen einbeziehen.

Ein erfolgreicher Unternehmensführer hat jedoch bei seinen Entscheidungen sehr viel mehr zu bedenken. Unter anderem tangieren nämlich folgende Wissenschaften seine Entscheidungen:

☐ Betriebswirtschaft,
☐ Volkswirtschaft,
☐ Psychologie,
☐ Pädagogik,
☐ Rechtssprechung,
☐ Informatik,
☐ Statistik

– und hinzu kommt das fachliche Können, wie etwa Maschinenbau, Elektrotechnik und so weiter.

Um das zu bewältigen, bedarf es planmäßigen und methodischen Handelns. Der eine Unternehmer macht entsprechende Erfahrungen im Laufe seines Lebens, der andere lernt es von einem Könner und der dritte findet ein bewährtes Leistungsangebot, das ihm hilft, diese Komplexität in den Griff zu bekommen. Es ist jedoch richtig, wenn Sie sagen, daß dies alles nicht von Nutzen ist, wenn der individuelle Stil oder die persönliche Charakterprägung nicht vorhanden sind. Es gibt aber eine einfache Hilfe, um herauszufinden, ob es unternehmerisches Talent gibt:

Ziele erreichen

Man muß zum Unternehmer geeignet sein.

1. Beschreiben Sie jene drei wichtigsten Wünsche, die Sie schon lange Zeit bewegen, von deren Erfüllung als persönlichem Lebenserfolg Sie seit langem und bis heute immer wieder träumen. Sie können auch zwei oder fünf Wünsche beschreiben – ausufern sollte diese Wünscheliste jedoch nicht.

2. Als nächstes empfehle ich Ihnen, Ihre bedeutendsten Erfolgserlebnisse aufzuschreiben. Auch hier sollten es möglichst drei, aber nicht weniger als zwei und nicht mehr als fünf sein. Schreiben Sie auch dazu, was Ihnen dabei besonders gut gelungen ist: Was haben Sie besonders gerne getan oder entschieden? Welches charakteristische Verhalten und Verhandeln erkennen Sie daraus?

3. Welchen »roten Faden« finden Sie, wenn Sie Ihre bedeutendsten Wünsche und Erfolgserlebnisse lesen? Welche Tendenz zeichnet sich ab, die auf Ihre besondere Begabung hindeuten kann?

Ist eine besondere Begabungsstärke erkennbar?

4. Diese Arbeit hat Sie in eine positive Stimmung versetzt. Deshalb empfehle ich Ihnen, jetzt die Gelegenheit zu nutzen und Ihr Lebensziel als

Vision zu skizzieren. Suchen Sie sich dazu einen absolut störungsfreien und vor Störungen sicheren Platz. Schließen Sie Ihre Augen und versuchen Sie zu sehen, was Sie erreicht haben wollen, wenn Sie etwa 60 oder 70 Jahre alt sind.

a. Welche materiellen Werte haben Sie geschaffen?

Was soll im Alter von etwa 70 Jahren erreicht worden sein?

b. Welche mitmenschlichen Beziehungen sehen Sie?

c. Welche Anerkennungen bringt man Ihnen entgegen?

d. Was sehen Sie bezüglich Ihrer gesundheitlichen Verfassung?

Und dann beschreiben Sie diese Bilder mit Ihren eigenen Worten so ausführlich wie möglich. Wenn Sie zeichnerisches Talent haben, dürfen Sie auch Zeichnungen zu Ihren Texten anfertigen.

Wollen Sie Führungsverantwortung tragen?

5. Erkennen Sie aus diesen Ausarbeitungen Ihren starken Wunsch nach Führung? Wollen Sie gerne Teamkopf sein? Oder haben Sie Visionen, die Sie durch unternehmerische Erfolge realisieren können? Wenn Sie diese Fragen bejahen können, dann dürfen Sie mit Sicherheit davon ausgehen: Sie verfügen über die Persönlichkeitsstruktur einer erfolgreichen Führungspersönlichkeit, eines erfolgreichen Unternehmers! Ist diese Voraussetzung gegeben, dann wird es Ihnen ein Analyse- und Planungssystem leichter machen, die vielfältigen Herausforderungen in einer Führungsposition oder als Unternehmer zu bewältigen. Das sind aber dann nur Werkzeuge, die nur dem etwas nutzen, der talentiert ist, ein Unternehmen mit Erfolg aufzubauen, zu erwerben oder zu führen.

Unsere Visionen zeigen uns unter anderem auch, ob wir als Führungspersönlichkeit geeignet sind.

6. Legen Sie in Ihr Zeitplanbuch einen Zettel »Vierteljährlich wiederkehrende Aufgaben« und notieren Sie darauf, daß Sie in diesen Zeitabständen Ihre Lebensziel-Vision überlesen und vervollkommnen. Dadurch wird Ihnen das Ziel immer klarer und erreichbarer erscheinen; vor allem aber schöpfen Sie daraus Kraft, Ideenreichtum und Ausdauer. Diese Zielformulierung, die regelmäßige Pflege Ihres Lebenszielplanes und die leidenschaftliche Liebe zum Ziel machen Sie stark.

Ziele erreichen

Die Lebensziel-Vision sollte regelmäßig überarbeitet werden.

Diese methodische Analyse Ihrer Charakterstruktur mit Entwurf eines Lebenszieles zeigt Ihnen, ob Sie die Kraft und Persönlichkeitsstärke haben, um die Risiken zu meistern, die auf einem solchen Lebensweg mit Sicherheit auftreten werden. Denn nichts Außergewöhnliches geschieht ohne Risiko; planvolles Handeln kann jedoch das Risiko überschaubarer und handhabbarer machen.

Als Unternehmer benötigen Sie aber auch deshalb eine starke Persönlichkeit, weil Sie auf Ihrem individuellen Weg viel Kritik erleben werden. Dagegen können Sie sich weder schützen noch mit Erfolg wehren. Ihre Persönlichkeitsstärke ist also gefordert, damit Sie trotz aller Kritik Ihren eigenen Weg gehen können. Das ist die von Ihnen bewunderte Individualität eines Unternehmers, die außergewöhnliche, neue und andersartige Leistungen für die menschliche Gemeinschaft erbringt.

Trotz Kritik den eigenen Weg gehen.

Erfahrungsgemäß haben sich aber alle begabten Unternehmer im Zeitbedarf für die Realisierung ihrer Erfolge unterschätzt. Jede dieser Persönlichkeiten, mit denen ich bisher sprach, sagte, daß nur das verlockende Ziel die notwendige Geduld bewirkte. Eine international sehr bekannte Unternehmerpersönlichkeit bezeichnete sich sogar als »Stehaufmännchen«: Allen Anfechtungen und Widrigkeiten zum Trotz blieb er standhaft bei der Realisierung seines Zieles.

Gerade lang- und mittelfristige Zielpläne verhelfen uns zu Geduld auf dem Weg zu unseren Zielen.

So geduldig werden Sie aber nur dann, wenn Sie neben dem Lebenszielplan auch mittelfristige Zielpläne haben, die sich über fünf bis zehn Jahre erstrecken und daraus auch Jahreszielpläne erarbeiten.

Ihnen werden andere Menschen mit kurzfristigen Erfolgen immer wieder überlegen sein. Denn wer seine gesamte Lebenskraft auf die Realisierung von Tageserfolgen konzentriert, kann seine Umwelt oft schon verblüffen. Nur – Großes kann ein solcher Mensch nicht auf die Beine stellen; er verbraucht vielmehr seine Kräfte für Tagesgeschäfte und kurzfristige Aktionen.

Geduld, Geduld, Geduld

Alle Feinde und Gegner, die einen individuellen unternehmerischen Lebensweg behindern wollen, können letztlich nur durch Geduld ermüdet werden. Wenn man es mit ihnen im Tagesgeschäft mit der gleichen Vehemenz aufnimmt, wie sie agieren, bleibt keine Kraft mehr für die eigenen großen Ziele.

Es gibt einen schönen Ausspruch von Leonardo da Vinci: »Geduld dient als Schutz gegen Unrecht – genauso, wie Kleidung gegen die Kälte.« Und wie außergewöhnliche Persönlichkeiten von

ihrer mitmenschlichen Umwelt verlacht, geringge- Ziele erreichen
schätzt und verkannt werden, hat Richard Bach in
dem wunderschönen Buch »Die Möwe Jonathan«
beschrieben. Gute Pläne können also sehr viel
helfen und stabilisierend wirken, um trotz aller Gute Pläne wirken stabili- sierend.
Anfeindungen stabil zu bleiben und die von Leo-
nardo da Vinci beschriebene Geduld zu haben.
Außerdem kommt hinzu: Die Schwierigkeiten
sind häufig kurz vor dem Ziel am größten – und
deshalb geben die meisten Menschen gerade dann
oft auf, wenn der endgültige Erfolg nicht mehr weit
ist. Auch für den Bergsteiger sind die letzten Meter
oftmals die schwierigste Anforderung – und einer
der erfolgreichsten Privatbankiers sagte vor kurzem zu einem seiner Kunden: »Am Morgen ist die
Nacht am kältesten.«

Was also solche Unternehmerpersönlichkei-
ten stark macht und stabilisiert, sind große faszinie-
rende Ziele und die innige Liebe zum Ziel. Daraus
entsteht die für unternehmerischen Erfolg so
notwendige Dynamik.

Ein schönes Beispiel hierfür ist das Fahrrad- Wer ein faszi- nierendes Le- bensziel hat, läßt sich auch durch Widrig- keiten nicht aus der Bahn werfen.
fahren: Man kann nicht stehenbleiben und auf
dem Rad sitzenbleiben – es sei denn, man wird
gestützt. Wenn das Fahrrad aber in Schwung ist,
können Schräglagen gemeistert werden, die sonst
nicht zu bewältigen wären.

Friedrich der Große, der unter erheblichen
Schwierigkeiten Außergewöhnliches mit seinem
recht armen Volk erreicht hat, sagte dazu sinngemäß: »Wer nicht bereit ist, mehr als das Bestehende
zu wollen, wird nicht einmal den Status quo
aufrechterhalten können.« Dieser freiheitlich
gesinnte König besaß auch viel unternehmerisches

Talent – und trotz der Kriege, die er führen mußte, um seinem Land die nötige Freiheit und Unabhängigkeit zu sichern, war er der erste Regent in Europa, der die Religionsfreiheit verwirklichte: »Die Religionen Müsen alle Tolleriret werden und Mus der Fiscal nuhr das Auge darauf haben, das keine der anderen abrug Tuhe, den hier mus ein jeder nach seiner Fasson Selich werden.« (1740, zitiert nach Büchmann, »Geflügelte Worte«)

Eine weitere, sinngemäß zitierte interessante Aussage dieses unternehmerischen Talents unter den europäischen Königen: »Jeder Mensch sollte sich einen Lebensplan zurechtlegen, ebenso durchdacht und geschlossen, wie ein mathematischer Beweis. Wer sich getreulich an ein solches System hält, hat dann die Handhabe folgerichtigen und allzeit zielsicheren Handelns.«

Planmäßig das Lebensziel realisieren

Also auch dieser große Herrscher empfahl, planmäßig sein Lebensziel zu erstellen und an dessen Realisierung ebenso planmäßig zu arbeiten.

Friedrich Nietzsche, der sich auch in seinem analytischen Denken mit der Wirkung von bedeutenden Zielen auseinandersetzte, meinte: »Viele sind hartnäckig in bezug auf den einmal eingeschlagenen Weg, wenige in bezug auf das Ziel.« Was er hier mit knappen Worten beschreibt, ist nichts anderes als der Mißerfolgs-Typ. Im Gegensatz zu ihm wird ein Erfolgsmensch seinen Weg immer wieder an die jeweiligen Möglichkeiten anpassen müssen – aber sein Ziel gibt er nicht auf. Nicht die Sturheit, einen einmal gefundenen Weg unbedingt zu gehen, auch wenn der Weg sich dann nicht oder nur unter größten Schwierigkeiten begehbar zeigt, macht den Erfolgreichen also stark, sondern allein die Liebe zu seinem Ziel!

Ziele erreichen

Die meisten Menschen können sich nicht annähernd vorstellen, welche vielen kleinen und größeren Hürden eine starke Persönlichkeit auf ihrem Weg überwinden muß. Eine erfolgreiche Unternehmerin sagte mir vor kurzem sogar, daß alle ihre Gegner, die ihre Persönlichkeitsstärke und ihre Geschicklichkeit erkennen und sich nicht stark genug für eine offene Gegnerschaft fühlen, zur Hinterlist greifen. Viele dieser Menschen, die sie beneideten und ihren Erfolgsweg gerne behindern wollten, hätten weder das gute Gewissen, noch die Persönlichkeitsstärke, ihr entgegenzutreten. Stattdessen würde viel Hinterlist eingesetzt, um ihr die Realisierung des Erfolgs zu erschweren – verhindern konnte ihn jedoch keiner ihrer vielen kleinen Neider und Gegner.

Starke Persönlichkeiten müssen viele Hürden überwinden.

Nun fragen Sie sich sicher, woher solche Menschen ihr Selbstwertgefühl und ihre Überzeugung nehmen, daß ihre Ziele und ihr Weg richtig sind. Meine Erfahrung dazu: Diese Menschen wissen stets um die Bedeutung des Nutzens ihrer Ziele. Weil sie wissen und erkennen, welchen großen und wertvollen Nutzen ihre Ziele der menschlichen Gemeinschaft bieten, sind solche Persönlichkeiten unwiderstehlich. Sie erhalten dadurch die Ausstrahlung und Überzeugungskraft, die jenen fehlt, die ihrer kleinen oder größeren Vorteile wegen den Schaden anderer Menschen hinnehmen oder sogar anstreben. Eine klare Aussage dazu machte Johann Wolfgang von Goethe: »Man erkennt niemand an als den, der uns nutzt.« Anerkennung und Wertschätzung erreichen Erfolgspersönlichkeiten also vor allem

Wer große Ziele hat, ist als Persönlichkeit unwiderstehlich.

durch den Nutzen, den sie anderen bieten. Und dann akzeptieren Menschen auch, daß solche Persönlichkeiten einen eigenen Nutzen dabei haben. Damit sind wir bei einer der Basisempfehlungen Gustav Großmanns, der die Grundlagen des HelfRecht-Systems entwickelte: »Um Nutzen zu ernten, ist der einzige seriöse und langfristig erfolgssichere Weg, Nutzen zu bieten.«

In einem kreativen Team planen?

Ziele
erreichen

*G*erhard Fander ist Geschäftsführer eines
Kreativ-Büros für Design und Produktgestal-
tung. Er hat zehn fest angestellte und 25 freie
Mitarbeiterinnen und Mitarbeiter. Das Büro mit
Sitz in Düsseldorf arbeitet im gesamten deutschsprachigen Raum:
»Führt das konsequente Planen möglichst aller
Aktivitäten nicht zu einer Erstarrung und zur
Einengung der persönlichen Arbeits- und Arbeits-
platzgestaltung? Werden dabei nicht zwangsläufig
Spontaneität verhindert und Gestaltungsfreiraum
eingeengt? Ich verstehe gut, wenn in Produktions-
unternehmen mit Serienfertigung oder in Hoch-
und Tiefbauunternehmen gut vorhergeplant
werden muß, weil die dort tätigen, nicht kreativen,
rein ausführenden Mitarbeiter detailliert angeleitet
werden müssen. Aber kreativ arbeitende Frauen
und Männer können ihre Arbeitsabläufe nicht
planen. Da hilft nach meiner Erfahrung nur, Ziele
zu setzen und dann daran zu arbeiten, wenn die
Zeit reif ist, wenn die Idee kommt. Schon ein
Terminplaner ist ein störendes Element, auf das
allerdings nicht verzichtet werden kann.«

Frage

Wo bleibt die
Spontaneität?

*M*anfred Helfrecht: »Gerade von kreativ arbeitenden Teams wird ein Planungssystem
benötigt, das die emotionalen und intuitiven
Arbeitseinflüsse analysierbar und planbar macht.
Auch kreativ arbeitende Menschen, insbesondere
mit Führungsaufgaben, können folgende Erfolgsfaktoren, die dem emotionalen Bereich zuzurech-
nen sind, nicht dem Zufall überlassen:

Antwort

☐ Zufriedene Kunden,
☐ Schaffensstimmung und Firmentreue guter Mitarbeiterinnen und Mitarbeiter,
☐ Leistungs- und Einsatzbereitschaft von Zulieferern.

Sehr häufig ist die Ursache im emotionalen Bereich zu suchen, wenn Zulieferer ihr bestes Know-how als »Dreingabe« zur vereinbarten Lieferung geben.

Die Gesetzmäßigkeiten der Psychologie berücksichtigen

Heutzutage darf ein modernes Planungssystem sich nicht nur auf das betriebs- und volkswirtschaftliche Denken beschränken, sondern muß ganz besonders den Gesetzmäßigkeiten der Psychologie entsprechen. Es zählt nicht mehr das rein rationale und rechenbare Planen – vielmehr sind in unserer materiell gesättigten Zeit die Leistungen auf den Gebieten der emotionalen Bedürfnisbefriedigung die Erfolgsfaktoren Nummer 1! Wollen Sie sich damit abfinden, daß gerade das Einmalige und das Außerordentliche, das Ihr Kreativbüro zu bieten hat, nicht planbar sein soll? Damit würden sich heute schon viele Unternehmer mit ähnlichen Leistungsprogrammen nicht mehr zufriedengeben. Denn auch intuitive Leistungen und Ideenreichtum können durch planmäßiges Vorgehen mobilisiert und forciert werden.

Emotionale Bedürfnisbefriedigung ist der Erfolgsfaktor Nummer 1!

Mechanistische Planungssysteme, die kreativ arbeitende Menschen einengen, sind heute nicht mehr gefragt. Spontaneität und Gestaltungs-Individualität benötigen vielmehr geeignete Rahmenbedingungen und Freiraum – hier setzt ein gutes

Planungssystem an. Dagegen kann Planlosigkeit auch bei rein kreativen Aufgaben zum Chaos führen, was potente Auftraggeber jedoch nicht hinnehmen. Denn gerade sie müssen kreative Leistungen von Zulieferern verbindlich in ihr Leistungskonzept einbauen können.«

⊞

Engt Planung nicht zu sehr ein?

*E**ike Klenck,* Bauunternehmer mit 450 Mitarbeitern in einem Vorort von Nürnberg: »Wie unterscheidet sich das HelfRecht-System von der Planungssystematik in Staatsplanungsländern? Gerade dieses zentrale Planen führte doch zu Wirtschaftskatastrophen einer ganzen Reihe europäischer Länder. Besteht für »Planungs-Unternehmen« nicht die gleiche Gefahr?

Sie beschreiben in Ihrem System die Bedeutung der Mängel als Planungs-Rohstoff. Zwar waren auch in den Staatsplanungsländern Mangel- und Problemsituationen Anlaß zum Planen – aber ohne Nutzen.«

*M**anfred Helfrecht:* »Eine zentrale Planungsstelle tendiert immer zu starren Planungsvorgaben. Die Gestaltung oder Änderung von Plänen muß aber möglichst der kleinsten Organisationseinheit vorbehalten bleiben, denn letztlich organisiert ein modernes Planungssystem nur die individuellen Einzelpläne aller Team-Mitglieder. Dies beginnt damit, daß sich Mitarbeiterinnen und Mitarbeiter ein System aneignen, mit dem sie ihr Handeln selbst planen können. Ein Management-Konzept gewährleistet dann die Eingliederung ihrer Pläne in einen Unternehmens-Zielplan und die Realisierung der Ziele. Wichtig ist, daß alle »an einem Strick ziehen« – aber auch in die gleiche Richtung!

94

Mängel werden an Ort und Stelle erkannt

Ziele erreichen

Nur an Ort und Stelle, also im Aufgabenfeld einer jeden Mitarbeiterin und eines jeden Mitarbeiters, werden die Ereignisse zuerst festgestellt, die den Planerfolg behindern können. An dieser Stelle kann am schnellsten und meist auch mit dem größten Know-how reagiert werden.

Mängel kann am besten der Betroffene selbst abstellen.

Es kommt aber hier noch etwas anderes hinzu: Die Sklerosetendenz großer Organisationseinheiten durch die erforderlichen Hierarchiestufen.

Große Organismen – Staaten oder Großbetriebe – können nur mit mehreren Hierarchieebenen geführt werden. Im Gegensatz dazu ist es die große Stärke des Klein- und Mittelbetriebes, auf diese Hierarchieebenen verzichten oder mit einer oder zwei solcher Ebenen auskommen zu können. Dadurch kann sehr viel wendiger und situationsgerechter geplant werden.

Das ist wohl auch der wesentliche Grund dafür, daß sich kleine und mittlere Unternehmen mit wenig Hierarchiestufen mehr und mehr durchsetzen. Die Statistik belegt es: Unsere Großunternehmen haben seit mehr als zehn Jahren Arbeitsplätze abgebaut; dagegen haben kleine und mittlere Unternehmen für mehr Beschäftigung und neue Arbeitsplätze gesorgt! Dazu wurden nicht nur die von Großunternehmen freigestellten Mitarbeiter beschäftigt, sondern deutlich mehr neue Arbeitsplätze geschaffen. Viele Großunternehmen haben unter anderem daraus den Schluß gezogen, kleinere Operationseinheiten zu bilden: Es werden entweder Firmen mit völliger Eigenver-

Kleine und mittlere Unternehmen werden immer wichtiger für unsere Wirtschaft.

antwortung gegründet oder man versucht, selbständige und unabhängige Profit-Center zu gestalten. Das führt zwar zu deutlich meßbaren Vorteilen, aber immer noch nicht zur Wendigkeit und Leistungsfähigkeit, wie sie kleine und mittlere Unternehmen besitzen.

Abbildung 6:
Wo bleibt hier
Freiraum für
Kreativität?

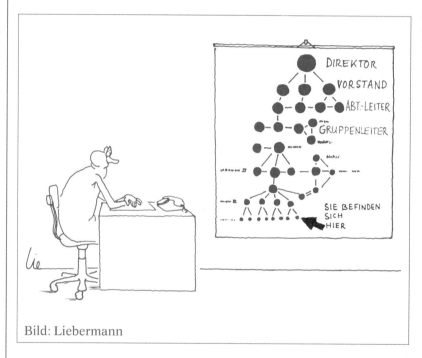

Bild: Liebermann

Wenn Entscheidungen, die von »ganz oben« kommen, erst mehrere Verwaltungsebenen durchlaufen müssen, wird das gesamte System »Unternehmen« zwangsläufig schwerfällig. *(Abbildung 6)* Es vergeht zuviel Zeit von der Veränderung der Lage, dem Erkennen des Problems bis zur Entscheidung.

Wenn im Gegensatz dazu die kleinstmögliche Organisationseinheit ihren Beitrag zur Erfüllung des Jahreszielplans festlegen und den Plan auch entsprechend der Lageveränderung anpassen kann, wird das Unternehmen erheblich effizienter. Ein gutes Planungssystem kann also Mitarbeiterinnen und Mitarbeitern die betriebswirtschaftlichen Notwendigkeiten aufzeigen und den Rahmen abstecken, innerhalb dessen persönlicher Freiraum für Planung und Änderungen bestehender Pläne existiert.«

⌖

Ziele erreichen

Persönlicher Freiraum im Rahmen bestehender Notwendigkeiten.

Meine Zielvorstellungen werden kaum verstanden

A *rwed Hofmann,* Geschäftsführer in einem Gerüstbauunternehmen mit 600 Mitarbeitern in Süddeutschland, stößt an folgende Grenzen: »Ich wußte schon immer, was ich wollte und für die Zukunft will. Dies jedoch den Mitarbeiterinnen und Mitarbeitern verständlich zu machen, fällt mir zunehmend schwerer. Solange der Betrieb klein war und weniger als 100 Beschäftigte hatte, konnte ich meine Vorstellungen noch ganz gut vermitteln. Aber die heutige Betriebsgröße macht mir das unmöglich; ich kann nicht dauernd mit meinen

Mitarbeitern zusammen sein, um Zielvorgaben zu erläutern. Solche Termine muß ich statt dessen möglichst zurückdrängen, denn diese Zeit wird vom Kunden nicht bezahlt. Zwar habe ich es schon mit schriftlicher Zielbekanntgabe für einzelne Baustellen und mit allgemeinen Zielen für längere Zeiträume versucht, aber Bauarbeiter sind nicht gerade Menschen, die gern lesen. Ich habe die Erfahrung gemacht, daß entweder gut formulierte Texte nicht gelesen wurden oder es mir selbst nicht möglich war, mich unmißverständlich auszudrükken. Je größer das Unternehmen wird, desto weniger glaube ich, meine Vorstellungen realisieren zu können. Soll ich den Betrieb verkleinern oder ihn in mehrere Einzelunternehmen aufteilen? Aber dafür fehlen mir die qualifizierten Führungskräfte.«

M *anfred Helfrecht:* »Sicher ist die Ursache Ihres Problems in der Betriebsgröße zu suchen. Das ist wohl auch der Grund, warum stark wachsende und große Unternehmen kleine unternehmerisch völlig eigenständige Operations-Einheiten bilden.

Ziele erreichen

Ergänzend kommt die Entwicklung unserer Gesellschaft hinzu: Die freiheitliche Demokratie ist mittlerweile so sehr zur dominierenden Lebensform in Westeuropa geworden, daß auch Unternehmen nicht mehr wie in den Nachkriegs-Jahrzehnten patriarchalisch durch Anweisungen geführt werden können. Konnte noch vor etwa einer Generation ein Unternehmer damit rechnen, daß seine Vorgaben und Anweisungen ohne Wenn und Aber erfüllt wurden, sieht das heute ganz anders aus. Unsere Mitarbeiterinnen und Mitarbeiter wollen mitreden und mitdenken. Sie sind dann einsatzbereit, wenn sie den Sinn und den Nutzen ihrer Aktivitäten und der von ihnen zu verwirklichenden Ziele erkennen. Das führt zu eigener Kreativität und Engagement für Leistung.

Unternehmen können nicht mehr patriarchalisch geführt werden.

Eine demokratische Leistungsgesellschaft

Nach folgender Faustregel sind Menschen in einer freiheitlichen Demokratie leistungsbereit:

Demokraten wollen 1. mitreden. Dadurch wird dann 2. das Mitdenken ausgelöst. Nach diesem Schritt entsteht 3. die Fähigkeit zum Mitplanen.

Die von ihnen mitgestalteten Pläne wollen Menschen jedoch auch mit Erfolg realisieren. Das verlangt schon der persönliche Ehrgeiz. So erwächst dann 4. die Bereitschaft zum Mitarbeiten.

Wer an Plänen mitarbeitet, will sie auch realisieren.

Wenn Sie sich an diesen vier Schritten orientieren, werden Sie Bestleistungen von guten Kräften bekommen; manche unterdurchschnittlich engagierte Kraft wird sich zudem zu Ihrer Verblüffung außergewöhnlich entfalten.

Das heißt also: Besprechen Sie Ihre Pläne zunächst mit Ihren Mitarbeiterinnen und Mitarbeitern. Dadurch werden sie zum Nachdenken und Mitdenken angeregt und es entsteht eine geistige Bereitschaft, an diesen Plänen mitzuwirken. Pläne aber, an denen Menschen mitgewirkt oder die sie sogar selbst gestaltet haben, wollen sie aufgrund ihres Selbstwertgefühles auch realisiert sehen.

Pläne mit Mitarbeiterinnen und Mitarbeitern besprechen und Anregungen einbeziehen.

Wenn nach dem entsprechenden Vorlauf der dritte Schritt, also das Planen, angegangen wird, können die gemeinsam erarbeiteten Formulierungen auf die Folie eines Overhead-Projektors oder auf das Papier eines Flipcharts geschrieben werden. Anschließend erfolgt eine Reinschrift; jeder, der an der Ausführung beteiligt war, erhält eine Ausfertigung. Noch einen methodischen Schritt weiter könnten Sie gehen, wenn in diesen Ausarbeitungen gekennzeichnet wäre, wer wofür Verantwortung übernimmt.

In der Zeitschrift »Der leitende Manager« wurde eine Karikatur veröffentlicht, die das Problem gut aufzeigt. *(Abbildung 7)* Wenn ein Mensch seit längerem in einer Führungsposition arbeitet und – wie auf dem Bild dargestellt – ganz oben im Sessel sitzt, fehlt ihm oft das Verständnis für die Denkwelt der Menschen, die in den unteren Ebenen die Dinge voranbringen und für jene Menschen, die Verantwortung tragen. Können Sie sich noch in diese Frauen und Männer hineinversetzen,

Wer lange an der Spitze steht, hat oftmals den Bezug zur Basis verloren.

100

<u>So</u> nicht:

Quelle: »Der leitende Manager«, XI/86

Ziele
erreichen

*Abbildung 7:
Wer in der
Hierarchie
ganz oben ist,
hat oft den
Kontakt zur
»Basis« ver-
loren und
kennt nicht
mehr die
Denkwelt der
Menschen, die
in den unteren
Ebenen tätig
sind.*

die sich anstrengen und ihr Bestes geben? Aber sie wissen niemals genau – wie in diesem Bild dargestellt –, wohin es geht. Wann wird der Chef nach links lenken? Wann wird er nach rechts lenken? Wie lange werden wir geradeaus fahren? Oder geht es demnächst im Kreis herum? Hält er es gar für sinnvoll, ein Stück zurückzufahren?

Können Sie nachempfinden, wie solche Gedanken zur Handlungslähmung bei Ihren Mitarbeiterinnen und Mitarbeitern führen?

Die einzige Schlußfolgerung kann also nur sein, Mitarbeiter in die Planung von Zielen und Vorgehensweisen einzubeziehen. Wer weiß, wo es lang geht, entwickelt bessere eigene Ideen und ist persönlich engagierter bei der Realisierung der Unternehmensziele.«

Wer nicht weiß, wohin es geht, interessiert sich auch nicht mehr für die Belange des Unternehmens.

Wie kann ich mich von Wettbewerbern abheben?

Ziele
erreichen

*E*rich Selzic, Inhaber eines Dachdeckerbetriebes mit 60 Mitarbeitern im Raum Ulm. Er hat
das Unternehmen von seinem Vater übernommen;
der Senior ist im Betrieb noch mit tätig, überläßt
seinem Sohn aber ohne Einflußnahme die Geschäftsführung:
»Ich bin ein ehrgeiziger Mensch und fühle mich im
Unternehmen wie ein Gefangener. Seit einigen
Jahren versuche ich schon, die Grenzen zu sprengen und mit dem Betrieb etwas ganz Außergewöhnliches auf die Beine zu stellen. Aber ich
komme nicht aus eingefahrenen Gleisen heraus –
unter anderem bei der Unternehmensführung.
Mein Wunsch wäre es beispielsweise, alle Mitarbeiter mit einheitlicher Arbeitskleidung – versehen
mit einem aufgenähten Firmenzeichen – auszustatten. Auch sollten alle Fahrzeuge von einer Automarke stammen und in gleicher Farbe lackiert sein.
Werkzeuge und Sicherheitsausstattungen sollten
verbessert werden und absolute Spitze in unserer
Branche sein. Gern hätte ich moderne, neue
Büroräume mit besten Einrichtungen. Auch bei
der Nutzung von Computern gäbe es noch viel zu
tun: Unsere Vorarbeiter könnten zum Beispiel an
der Baustelle mit guten PC-Programmen sofort
kalkulieren und den Kunden die Kosten für jeden
Änderungs- oder Ergänzungswunsch nennen.

Frage

Der Betrieb
soll optimal
organisiert
werden.

Da ich darüber hinaus aber noch viele ehrgeizige Ziele im persönlichen Bereich habe, überkommt mich bei der Fülle meiner unternehmerischen und privaten Wünsche manchmal der Frust. Bei jedem Angebot, bei fast jeder Auftragsvergabe, wird um den letzten Pfennig verhandelt. Wir bekommen zwar dann und wann einige Prozent mehr bezahlt als schlampig arbeitende Konkurrenten, aber dieses Geld verwenden wir, um den Kunden möglichst voll zufriedenzustellen.

In Ihrer Zeitschrift »methodik« las ich zwar: »Mehr Nutzenbieten ermöglicht mehr Nutzenernte« – aber wie schaffe ich das? Ich würde meinen Auftraggebern gern mehr Nutzen bieten; noch mehr arbeiten als bisher können meine Mitarbeiter jedoch nicht. Und man muß eines sehen: Mehrnutzen wird oft gar nicht gewünscht und auch nicht honoriert.«

*M*anfred Helfrecht: »Sie befinden sich in einer recht positiven Ausgangslage für viel Erfolg in Ihrem Leben, denn Ehrgeiz und große unerfüllte Wünsche sind emotionale Treibsätze, die Ihnen voranhelfen werden – vorausgesetzt, Sie gehen planmäßig vor und kommen aus dem Grübeln heraus.

Vor kurzem hörte ich den Vortrag, den der Juniorchef eines Bauunternehmens mit 500 Mitarbeitern zum 120jährigen Jubiläum des familieneigenen Betriebes hielt. Der junge Unternehmer führte unter anderem aus, daß 70 Prozent der Aufträge des Betriebes durch Alternativ-Vorschläge entstünden. Das Unternehmen entwickelte für die Kunden Lösungen, die entweder eine kürzere Bauzeit ermöglichen, niedrigere Baukosten oder zum gleichen oder einem geringeren Mehrpreis eine deutlich bessere Bauqualität bewirkten. Bei der Bauqualität würde insbesondere auf die späteren

Kostenvorteile durch niedrigere oder ganz entfallende Unterhaltskosten geachtet. Dieses Bauunternehmen ist ein Vorbild-Betrieb in seiner Branche. Hier werden solche Wünsche, wie Sie sie formuliert haben, bereits täglich realisiert. In diesem Unternehmen stimmt also die Nutzenernte.

Mehr Nutzenbiete-Ideen?

Nun besteht sicher die Frage für Sie, wie Sie denn zu Ideen für dieses »Mehr-Nutzen-Bieten« kommen.

Meine Anregung dazu: Beschreiben Sie auf gesonderten Listen für Ihre Kunden, Ihre Zulieferer und für Ihre Mitarbeiter, welche Mängel, Schwierigkeiten, Nöte, Sorgen und Probleme diese Menschen haben und welche Gefahren für sie bestehen. Manches wird Ihnen sofort einfallen, anderes können Sie aus Gesprächen mit diesem Personenkreis erfahren.

Noch besser ist es, wenn Sie sich diese Mühe für ganz bestimmte Personen machen, etwa für einen guten Dauer- oder Großkunden. Aber auch für jeden Ihrer besten Mitarbeiter. Lieferanten können Ihnen ebenso manchen Weg zum Nutzenbieten zeigen. Ein Beispiel: Die zu unserer Firmengruppe gehörende Thermodach Dachtechnik GmbH stellt spezielle Dachdämmsysteme her, mit denen Dachdecker-Kunden ihrem Bauherrn und Architekten so viele Vorteile bieten können, daß daraus für das betreffende Unternehmen ein interessanter Mehrnutzen entsteht. Sie sollten also Ihre Lieferanten danach durchleuchten, wer Ihnen helfen kann, daß Sie sich von der Konkurrenz abheben und einen besonderen Nutzen bieten können.

Die angeregten Listen sollten Sie permanent führen und auf monatliche Wiedervorlage legen, denn Ihnen werden immer wieder Ergänzungen einfallen. Als nächstes sollten Sie auf einem eigenen Blatt zu jedem Mangel, jeder Gefahr, jeder Schwierigkeit, jeder Not, jeder Sorge und zu jedem Problem aus diesen Listen beschreiben, welche Lösung Sie anbieten können. So finden Sie gute Ideen, um den für seriösen Erfolg unverzichtbaren Mehrnutzen zu bieten.

Vielleicht ist Ihnen aufgefallen, daß ich nicht den Begriff »Nutzen geben« verwende, sondern »Nutzen bieten«. Denn neben der Bedeutung des Nutzens, den Sie zu leisten vermögen, ist es mindestens genauso wichtig, ihn richtig anzubieten. Mit anderen Worten: Ihr Kunde muß verstehen, mit welchen Vorteilen eine Auftragsvergabe an Sie verbunden ist. Wenn Sie dagegen den von Ihnen gebotenen Nutzen schlecht verständlich machen, wird die notwendige Einsicht beim potentiellen Auftraggeber fehlen – der erwünschte Auftrag kommt nicht zustande.

Mit Nutzenbieten die Lage verbessern

Wenn Sie sich also auf das Nutzenbieten konzentrieren, wird sich auch in Ihrem Unternehmen die Lage deutlich verbessern. Ihre Mitarbeiter werden noch stolzer darauf sein, welche besonderen Leistungen sie in dieser Firma erbringen können. Gute Mitarbeiter arbeiten nämlich gern in einem Unternehmen, das einen besonders guten Ruf hat und der Gemeinschaft außergewöhnlichen Nutzen bietet. Wenn Sie auf diese glaubwürdige Weise erreichen, daß Ihre Mitarbeiter mit dem Herzen bei der Arbeit sind, dann werden dem

Unternehmen noch viele Erfolge ins Haus stehen. Ziele erreichen Denn was die Menschen in ihrem Gefühl anspricht, bringt Erfolg – das ist eine Erfahrung, die ich immer wieder gemacht habe.

Bedenken Sie bitte auch: Oft wird gerade im emotionalen Bereich das Nutzenbieten übersehen. Deshalb lautet der Slogan, den alle unsere Mitarbeiterinnen und Mitarbeiter unter einem schönen Kunstdruck auf ihrem Schreibtisch stehen haben, nicht nur »Nutzen bieten«, sondern »Liebenswürdig Nutzen bieten«. Dadurch werden unsere Mitarbeiterinnen und Mitarbeiter zu Bestleistungen angeregt, die sie unseren Kunden und sonstigen Partnern mit besonderer Herzlichkeit und Liebenswürdigkeit anbieten und erbringen. Das Ergebnis: permanentes Wachstum auf allen Gebieten unserer Firmengruppe. Aber nicht nur materielles Wachstum, vor allem auch Zuwachs an gutem Ruf unserer Firmen macht uns allen viel Freude. Unsere Mitarbeiterinnen und Mitarbeiter sind wirklich mit dem Herzen dabei – und das spürt der Kunde. So kommen beispielsweise mehr als 90 Prozent aller Teilnehmer an den HelfRecht-Planungstagen auf Empfehlung zufriedener Kunden nach Bad Alexandersbad – und diesen Wert halten wir schon seit vielen Jahren. Er ist zugleich für uns eine Meßlatte, ob wir in Form bleiben und stets den veränderten Kundenwünschen und Kundenbedürfnissen entsprechen.«

Nicht nur Nutzen bieten, sondern darüber hinaus liebenswürdig Nutzen bieten.

⊞

Kann ich Kontaktfähigkeit trainieren?

Helmut Stöber, 40 Jahre alt, ein von den Kunden seines Unternehmens außergewöhnlich geschätzter EDV-Fachmann, sagte mir: »Fachlich bin ich gut, sehr selten muß ich vor einem Problem kapitulieren. Deshalb genieße ich die Anerkennung der Kollegen im Unternehmen und ganz besonders des Inhabers und Gründers der Firma. Immer wieder verlangen Kunden die Bearbeitung der Aufträge durch mich und das von mir geführte Team.

Schon mehrmals habe ich deshalb mit meiner Frau den Gedanken besprochen, mich selbständig zu machen. Es gab zwei wesentliche Gründe, weshalb ich es bisher nicht tat: Erstens fühle ich mich in unserem Unternehmen sehr wohl. Es würde wohl Jahrzehnte dauern, bis ich mir ein Team von diesem Niveau und diesen Qualitäten aufgebaut hätte, wie ich es in meinem bisherigen Unternehmen zur Verfügung habe. Zweitens hat der Chef eine Charakterstruktur, die ideal zu mir paßt. Was ihm fehlt, beherrsche ich bestens – und was mir fehlt, ist seine große Stärke. Er ist nicht nur ein guter Kaufmann, sondern auch ein hervorragender Kontakter. Er ist ein Mensch, dem man nicht nur vertraut, sondern den man ganz einfach mag. Sehr oft, wenn Konkurrenten ein in Preis und Leistung vergleichbares Angebot machen, wird unser Chef als Auftragnehmer bevorzugt. Eigenschaften, die er hat, fehlen mir völlig.

Nun machte er mir das Angebot, seine Firma zu übernehmen. Er bot mir an, den gesamten Kaufpreis und die Verzinsung auf Rentenbasis zu zahlen. Der Vertrag würde so gestaltet, daß auch seine Erben nur Ansprüche dieser Art hätten und keine große Summe als kurz- oder mittelfristige Belastung auf das Unternehmen zukäme.

Ziele erreichen

Alles würde passen. Einen guten Kaufmann könnte ich sicher einstellen. Aber bei unserer Betriebsgröße ist der Chef für die Kontaktpflege zuständig. Das wäre also meine Aufgabe, die ich nicht aus der Hand geben dürfte. Meine Frage deshalb: Kann man Kontaktfähigkeit trainieren? Welche Erfahrungen haben Sie mit fachlich qualifizierten Führungskräften, denen die Kontaktfähigkeit fehlt? Sind solche Menschen überhaupt für die Führung eines Unternehmens geeignet?«

Wie lerne ich, zu anderen Menschen bessere Kontakte zu finden?

Manfred Helfrecht: »Wenn Sie methodisch und planmäßig vorgehen, können Sie Ihr Problem befriedigend in den Griff bekommen. Möglicherweise können Sie sich sogar zum erfolgreichen Verhandler trainieren. Viele Beispiele dieser Art habe ich in meinem Leben kennengelernt. Oft waren es die Gehemmten, die zu außergewöhnlich kontaktfähigen Menschen wurden, nachdem sie intensiv an sich gearbeitet hatten.

Antwort

Methodisch zum Starverkäufer

Einen ganz konkreten Fall durfte ich erleben. Ein Mann mit guten Branchenkenntnissen wollte mehr verdienen. Er wollte aus dem Einkommensniveau des mittleren Angestellten heraus. Nachdem er analysiert hatte, welche Möglichkeiten es für ihn gab, deutlich besser zu verdienen, blieben nur drei Wege offen:

1. sich in Führungsverantwortung hochzuarbeiten,
2. sich selbständig zu machen oder sich eine Geschäftsführerposition zu erarbeiten,
3. als Verkäufer oder freier Handelsvertreter Erfolg zu machen.

Ein sprachlich Behinderter kann Starverkäufer werden.

Emotional tendierte seine Neigung zum Verkauf. Er sah darin sehr viel persönliche Freiheit in der Zeitgestaltung, mehr Freiheit als ein Geschäftsführer oder Unternehmer hat. Er sah aber auch, daß es im Verkauf Starverdiener gab. Das alles schien jedoch nur aus einem Grunde für ihn aussichtslos: Er war Stotterer. Psychotherapie und manches Training halfen ihm nicht, sein Stottern in den Griff zu bekommen. In seinem Freundes- und Bekanntenkreis und sogar in der eigenen Familie riet man ihm dringend ab, Verkäufer zu werden. Man bezeichnete ihn als verrückt, wenn er wirklich glaube, als Stotterer erfolgreicher Verkäufer im Außendienst sein zu können. Zu aller Überraschung: Er schaffte es. Seine Kunden schätzten die wertvollen Informationen, die er so außergewöhnlich gut brachte, daß sie ihm zuhörten – auch wenn er die Geduld seiner Zuhörer ziemlich anspannte. Ich kann Ihnen sagen, wie er planmäßig und methodisch vorging:

Zuerst legte er von jedem Kunden einen eigenen Hefter mit DIN-A4-Blättern an. Er beschrieb, welche Informationen er den Kunden aus seiner Erfahrungswelt überbringen könnte. Er hatte sehr reichliche Erfahrungen in der Branche gesammelt. Auf anderen Blättern beschrieb er Fragen, die er seinen Kunden stellen wollte, um zu

Fragen der Kunden berücksichtigen.

erfahren, welche Informationen die Kunden besonders interessierten. Diese Informationen sammelte er und brachte sie den Kunden. Bei der Fragestellung kam ihm natürlich zugute, daß er zuhören konnte. Er war ja froh, wenn er nicht zu sprechen brauchte. Er zeigte aber auch durch Zwischenfragen und durch Notizen, die er sich in sein Zeitplanbuch machte, während der Kunde sprach, daß er sich sehr für das interessierte, was den Kunden bewegte. Er signalisierte eben damit auch, daß er die Anschauungen und Vorstellungen seiner Kunden sehr ernst nahm. Menschen schätzen es ganz außergewöhnlich, wenn man sich für sie besonders interessiert! Immer ließ er seinen Gesprächspartner das Gesicht wahren, egal, welchen Unsinn er sich auch manchmal anhören mußte. So entstanden also Blätter mit einer ganzen Reihe von Fragen, die den Kunden bewegten und er besorgte dazu für seine Kunden immer nützliche Antworten und Problemlösungen. Eher ruhte er nicht.

Ziele erreichen

Der erste Schritt zum Erfolg: den anderen ernst nehmen.

Vertrauen gewinnen durch Anerkennung für den anderen

Wiederum eigene Blätter legte er dafür an, wie er seinen Kunden Freude machen könnte. Beispielsweise beschrieb er, wofür er ehrliche Anerkennung geben könnte. Er sammelte bei all seinen Gesprächen alles Gute, was er über den jeweiligen Kunden zu hören oder zu lesen bekam. Egal, ob er vom Konkurrenten Positives erfuhr oder auf Messen oder aus Zeitungs- und Zeitschriften-Berichten. Er schrieb es sofort auf ein Blatt in den Hefter, den er für jeden Kunden hatte. So konnte er bei jedem Besuch sein Gespräch mit einer Anerkennung oder sonst einem erfreulichen Wort

Informationen zum Nutzen sammeln – der Kunden.

für den Kunden beginnen. Dabei waren das immer Fakten und keine Lobhudelei. So gewann man Vertrauen zu dem, was er sagte.

Dies gelang ihm, obwohl er in seiner Ausdrucksweise behindert war. Auch vergaß er nie das Danken. Auf einem eigenen Blatt hatte er in seinem Kunden-Akt stehen, wofür er dem Kunden dankbar sei. Alle Aufträge, die telefonisch bei seiner Frau oder seiner Sekretärin eingingen, erwähnte er in seinen Kundenbesuchen ausdrücklich und fand herzliche Dankesworte dafür. Keine schriftliche oder telefonische Bestellung wurde von ihm übergangen, ohne daß er sich persönlich dafür bedankte. Kritik kam für ihn überhaupt nicht in Frage. Wenn er nicht eine geschickte Frage fand, die dem Kunden zu einer Idee oder Erkenntnis verhalf, dann trug er diese kritischen Gedanken so lange mit sich herum, bis er einen Weg fand, mit dem Kunden darüber zu sprechen, ohne kritisieren zu müssen.

In einem Gespräch zeigte er mir seine materielle Wohlhabenheit auf. Er hatte für sich und seine Familie ein wunderschönes Haus in ruhiger Natur. Sein Fahrzeughobby pflegte er mit einigen höchst reizvollen Autos und Motorrädern. In den Dolomiten hatte er ein schönes Ferienhäuschen. Wenn er es nicht selbst nutzte, bot er es seinen besten Kunden an.

In diesem Gespräch sagte er mir, daß neben seinem methodisch aufgebauten und sorgfältig geführten Aktenhefter für jeden Kunden sein Stimmungspflege-Wieplan das wichtigste Erfolgsinstrument sei. Niemals klagte er. Er sagte, daß ihm

112

ein Nietzsche-Wort wertvolle Lebenshilfe sei: »Jedes Klagen ist auch ein Anklagen, jedes Sich-Freuen ist auch ein Anerkennen.« Er erzählte mir, wie er erlebte, daß lamentierende und klagende Führungskräfte ihre Mitarbeiter sehr demotivierten. Denn gute und leistungsfreudige Mitarbeiter überlegen ja bei jedem Mißerfolg des Chefs, inwieweit sie denn da selbst mit beteiligt waren. Er war aber begeistert von Führungskräften, die sich gerne freuten und den Grund ihrer Freude auch gerne ausdrückten. Er sagte mir, das sei die eleganteste Art, Mitarbeiter zu loben und anzuerkennen, die er je erlebt habe.

Ziele erreichen

Lamentierende Führungskräfte demotivieren ihre Mitarbeiterinnen und Mitarbeiter.

Der Kundennutzen steht im Vordergrund

Natürlich pflegte er sehr sorgfältig das Leistungsangebot, das er vertrat. Er nahm nur Produkte und Service-Leistungen in seine Vertretung auf, wenn er sich eindeutig überzeugt hatte, daß dadurch den Kunden keinerlei Schaden entstand und der Nutzen deutlich meßbar besser war als bei Konkurrenzangeboten. Seine Kunden wußten, soviel Zeit für Marktanalyse und Vorauswahl, wie er sich nahm, hätten sie gar nicht zur Verfügung gehabt, um den Markt zu prüfen und das für sie Bestmögliche auszuwählen.

Seine große Stärke war, daß er immer nur sein Glück genoß und sich darüber freute; sein Unglück und seine Mißerfolge vergaß er immer wieder recht schnell. Auf diese Weise bekam er eine sehr positive Ausstrahlung und trotz seiner Sprachbehinderung sah man, wie begeistert er von seinen Leistungsangeboten war. Schon sein gewinnendes Lächeln signalisierte jedermann, daß man es hier mit einem Menschen zu tun hatte, dem man seine

Das Glück genießen – das Unglück vergessen.

Sympathien entgegenbringen konnte. Und Höflichkeit war für ihn immer selbstverständlich. Einen Menschen, den man für seinen Erfolg brauchte, durch Unhöflichkeit zu verstimmen, empfand er selbstzerstörerisch. Gleichgültig, ob es sich um Behörden oder Ämter handelte, deren Hilfe er brauchte, oder seine Lieferanten, seine Berater, seine Mitarbeiter und selbstverständlich seine Kunden.

Meine Empfehlung deshalb an Sie:

Viele »Kleinigkeiten« sollten bei der Kontaktpflege beachtet werden.

1. Machen Sie sich für Ihr Kontaktpflege-Training eine Checkliste, was alles zu beachten ist. Schreiben Sie diese Checkliste auf ein Kleinformat, das auch in Ihrem Zeitplanbuch untergebracht werden kann. So haben Sie diese für Ihr Handeln anregenden Gedanken immer, zu jeder Zeit und an jedem Ort, zur Verfügung.
2. Legen Sie für jeden Menschen, der für Sie von Bedeutung ist, zumindest eine eigene Karteikarte oder ein eigenes Blatt DIN A4 an.
3. Wertvolle und dauerhafte Beziehungen pflegen Sie am besten, indem Sie eine eigene Akte über diesen Ihren bedeutenden Partner anlegen.«

Wir liefern, was der Kunde verlangt – aber ohne Kreativität

Hartwig Dietze hat ein Maschinenbau-Unternehmen mit 700 Mitarbeiterinnen und Mitarbeitern an einem günstigen Standort im schwäbischen Raum gekauft. Seine derzeit größte unternehmerische Herausforderung:

»Das Unternehmen, das ich erworben habe, hat keinen schlechten Ruf, steht mit seinem Renommee aber auch nicht in der Spitze der Branche. Wir liefern, was man von uns verlangt – und das in einer vertretbaren Qualität. Eigene Phantasie und eigene Kreativität wurden bisher kaum mobilisiert. Dementsprechend groß ist der Druck auf unsere Preise. Unser Dilemma: Die knappe Ertragslage läßt keinen Spielraum für eine bessere Positionierung gegenüber dem Durchschnitt der Branche zu. Wo setze ich zuerst an? Welche Erfahrungen haben Sie dazu?«

Manfred Helfrecht: »Bilden Sie zwei Schwerpunkte:

1. Rüsten Sie Ihre Führungskräfte und Ihre kreativen Mitarbeiter zuerst mit einem guten Planungssystem aus, das schwerpunktmäßig die Kreativität fördert.
2. Analysieren Sie sorgfältig, welchen Nutzen Sie Ihren Kunden mit dem Leistungsprogramm Ihres Unternehmens bieten. Dadurch erfahren Sie, wo Sie für Ihre Kunden einen noch größeren Nutzen bieten und dadurch bessere Preise erzielen können.

115

Welchen Nutzen hat der Kunde?

Meine Empfehlung für die Vorgehensweise:

1. Listen Sie zuerst das Leistungsprogramm und die einzelnen Leistungsangebote Ihres Unternehmens auf.
2. Beschreiben Sie zu jeder Position, welchen Nutzen Ihre Kunden von jeder Leistung Ihres Unternehmens haben. Wie lauten Ihre Argumente, daß sich ein Kunde für Ihr Unternehmen entscheiden soll?
3. Im nächsten Schritt beschreiben Sie zu jeder Position der Liste 1, welchen Nutzen Ihre Kunden vermissen. Sprechen Sie mit Ihren Kunden! Gehen Sie auf Messen! Lesen Sie Fachliteratur! Besuchen Sie Seminare und führen Sie Gespräche mit Kollegen! Nutzen Sie jede Quelle, die Sie finden können, um die Mängel Ihres derzeitigen Leistungsangebotes zu beschreiben!
4. Sodann gestalten Sie aus diesen Analysen einen Zielplan für Ihr Unternehmen, dessen ersten Entwurf Sie mit Ihren Führungskräften und Ihren kreativen Mitarbeitern besprechen. Gute Ideen, die dabei entstehen, nehmen Sie in diesen Zielplan mit auf.

Der Titel eines solchen Zielplans könnte beispielsweise lauten: »Unser Unternehmen wird für Kunden attraktiver. Wir nutzen unseren Kunden deutlich mehr als bisher.« Und nun beschreiben Sie zu jeder Position dieser Ziele-Liste, welche Frau, welcher Mann in Ihrem Unternehmen Ihnen geeignet erscheint, kreativ und/oder ausführend an der Realisierung der jeweiligen Zielposition mitzuwirken. Führen Sie auch an, welche externen

Berater Sie für diese Aufgabe engagieren müssen.
Sie werden bald deutliche Erfolge erzielen.

Ein Unternehmer der Elektronikbranche, der 300 Mitarbeiter beschäftigt und Zulieferer für namhafte Automobilhersteller ist, bestätigte mir ganz euphorisch den Nutzen dieser planmäßigen Arbeit an der Verbesserung seines Leistungsprogramms.«

Durch Neid blockiere ich mich selbst

Heiner Paflac, 30jähriger Geschäftsführer eines Handelsunternehmens für Sanitärbedarf, 120 Mitarbeiter, bewegt folgendes Problem: »Mit einem Artikel in Ihrer Zeitschrift »methodik« haben Sie mich sehr verunsichert. Seit etlichen Monaten wälze ich das Problem im Kopf herum, bis ich nun in der Lage bin, es zu formulieren. Sie schrieben in einem Ihrer Texte, daß neidische Menschen sich selbst in ihrem Erfolg behindern. Sie haben das auch ganz gut erklärt – deswegen ist mir der Artikel wohl unter die Haut gegangen. Mir ist heute bewußt, daß ich wegen meiner Neidgefühle erfolgreiche Menschen in meinem Unterbewußtsein negativ sehe – und dies auch anderen Menschen offen sage. Die Folge: Ich blockiere mich selbst; mein Unterbewußtsein sperrt sich, mir Ideen für den eigenen Erfolg zu liefern.

Ich will da raus – aber wie? Wenn ich zurückdenke, ist das mein Problem seit meiner Kindheit: Ich hatte nicht das Glück, in einer wohlhabenden Familie aufzuwachsen und war auch in der Schule kein besonderer Könner. Es gab also viel Anlaß für Neid auf andere; auch heute noch finde ich immer wieder Anlässe. Kann ich sie einfach übersehen? Denn überall gibt es sie doch – die geschickteren und in ihren Dispositionen erfolgreicheren, glücklicheren Menschen. Ich habe es zwar bis zum kaufmännischen Geschäftsführer in unserer Firma geschafft, aber nicht immer mit fairen Mitteln. Außerdem ist meine Position nicht stabil. In Ihrer

118

Zeitschrift wurde zwar das Problem gut beschrieben, aber keine Lösung angeboten.«

Ziele erreichen

Manfred Helfrecht: »Der Neid ist wirklich für die meisten Menschen der Mißerfolgsfaktor Nummer 1. Professor Helmut Schoeck hat dazu ein umfangreiches Werk mit dem Titel »Der Neid« geschrieben.

Antwort

Erfolgreiche Menschen fördern

Am besten entrinnen Sie dem Neid, wenn Sie es methodisch lernen, erfolgreiche Menschen zu verehren und wegen ihrer Leistungen wertzuschätzen. Wenn es Ihnen nach diesem ersten Schritt sogar einmal gelingt, einen Erfolgreichen noch mehr zu fördern, dann ist das für Sie ein Signal, daß Sie dabei sind, aus Ihrem erfolgshemmenden Neid herauszukommen. Erfolgreiche Menschen sind unter anderem vor allem deshalb erfolgreich, weil sie nur mit Persönlichkeiten zusammenarbeiten, die ihren Erfolg stärken. Die wirklich Erfolgreichen bedanken sich dann auch für solche Förderungen.

Der erste Schritt zur Überwindung des Neides: einen erfolgreichen Menschen zu fördern.

So können Sie sich in das Milieu der Erfolgsmenschen hineinarbeiten. Sie werden feststellen: Fast automatisch entsteht eine Atmosphäre, in der man sich gegenseitig fördert, ohne daß es einer besonderen Absprache oder einer besonderen Organisation bedarf.

Mangelhafte oder unzuverlässige Leistung anderer hemmt im wesentlichen den Erfolg der Menschen. Deshalb ist eines der entscheidendsten Charaktermerkmale der Erfolgsmenschen, daß sie sorgfältig nach Mitarbeiterinnen und Mitarbeitern,

119

nach Lieferanten, Beratern und Zulieferern suchen, die zuverlässig sind und Bestleistungen erbringen. Nur so ist der Erfolgsmensch selbst dann auch zu Bestleistungen fähig. Denn er kann es sich nicht leisten, durch die Unzuverlässigkeit von Menschen, mit denen er zusammenarbeitet, seine eigene Leistung unzuverlässig werden zu lassen.

Der Erfolgreiche arbeitet nur mit zuverlässigen Menschen zusammen.

Meine Empfehlung ist für Sie: Machen Sie eine Liste aller Könner und Erfolgreichen, die das erreicht haben, was Sie in Ihrem eigenen Leben anstreben. Dann legen Sie für jeden dieser Namen ein eigenes Blatt an und beschreiben darauf, welchen Nutzen Sie diesen Menschen bieten werden. Dieser zweite Schritt ist jedoch nur bei Menschen möglich, auf die Sie tatsächlich auch Einfluß ausüben können oder es anstreben.

Ein Beispiel: Bei einem Vortrag hatte ich die Bedeutung der guten Stimmung als Erfolgsfaktor für Führungskräfte herausgestellt. In einer Pause sprach mich ein Optikermeister an. »Sie haben mich mit Ihren Worten sehr zum Nachdenken gebracht. Mit meiner schlechten Stimmung lebe ich schon lange und weiß auch, daß mir dadurch schon mancher Nachteil entstanden ist. Besonders traf mich neulich aber die Bemerkung eines Kunden, der zwar unsere fachlichen Leistungen als gut bezeichnete. Aber dennoch gehe er nicht gern zu uns ins Geschäft, weil meine Mitarbeiterinnen und Mitarbeiter ihn mit ihrer mißlichen Stimmung belasteten. Und dann kam der Schock: Er sagte mir, nun, da er mich selbst kennengelernt habe, wundere ihn nichts mehr. Unter so einem mißlaunigen Chef könne wohl kein fröhlicher Mensch arbeiten. Der müsse ja früher oder später ausreißen

Die Stimmung des Chefs überträgt sich auf seine Mitarbeiterinnen und Mitarbeiter.

und sich einen Platz bei einem Konkurrenten suchen.

Ziele
erreichen

Die guten Mitarbeiter sind gegangen

Und ich muß zugeben, daß diese Kundenkritik zutrifft. Wenn ich nämlich an die Mitarbeiterinnen und Mitarbeiter zurückdenke, die mich verlassen haben, waren es meist heitere und lebensfrohe Menschen, die es bei mir nicht mehr aushielten. Mein Verhalten hat also zu einer negativen Auslese in meinem Unternehmen geführt.

Die Ursache für diese erfolgsbremsende Charakterprägung sehe ich in meinem Elternhaus. Täglich gab es Hickhack zwischen meinen Eltern; wohl kein einziges Mal habe ich ein gutes Wort zu hören bekommen.«

Ich antwortete diesem Mann darauf: »Sie haben das Problem richtig erkannt. Aber Ihre Eltern dürfen Sie dafür nicht verantwortlich machen. In meinem Leben habe ich viele Frauen und Männer kennengelernt, die in einem ähnlich stimmungsbelasteten Elternhaus aufgewachsen sind wie Sie. Die Konsequenz für diese Menschen daraus war, so nicht zu leben. Häufig sind sie dann zu besonders heiteren, lebensfrohen Persönlichkeiten geworden – trotz ihres schweren Lebensweges und der großen Hürden, die sie zu überwinden hatten. Und diesen Menschen ist es dann auch gelungen, leistungsfrohe und leistungsfähige Frauen und Männer für ihren unternehmerischen Erfolg zu gewinnen.

Jeder kann an
sich arbeiten,
um seine Miß-
stimmung zu
überwinden.

Eine dieser Erfolgspersönlichkeiten sagte mir in einem Gespräch über dieses Thema, vor allem sei Menschenliebe notwendig, um als Führungskraft außergewöhnlichen Erfolg zu haben. Die Pflege der Freundlichkeit im Unternehmen bezeichnete er als eine seiner wichtigsten Aufgaben. Er sagte, daß er von dem Tolstoi-Wort »Man kann ohne Liebe Holz hacken, man kann aber nicht ohne Liebe mit Menschen umgehen« einen wesentlichen Denkanstoß bekam. Und aus der christlichen Weisheit habe ihn besonders eine Aussage des Kirchenlehrers und Ordensgründers Augustinus bewegt: »Liebe – und dann tu', was du willst!« Eine weitere Bemerkung dazu: Ein Unternehmer, der eine weltweit sehr erfolgreiche Marke aufgebaut hat, sagte einmal: »Ich habe kein Marketing gemacht. Ich habe immer nur meine Kunden geliebt.«

»Man kann ohne Liebe Holz hacken, man kann aber nicht ohne Liebe mit Menschen umgehen.« (Tolstoi)

Das Negative in das Positive umwandeln

Hier noch einige Empfehlungen, wie Sie methodisch vorgehen können, um die erfolgsbehindernde Negativ-Stimmung in eine freudige Lebenseinstellung umzuwandeln:

☐ Erstellen Sie eine Liste aller Menschen, die negativ auf Ihre Stimmung wirken.

☐ Nennen Sie auf einer weiteren Liste alle Dinge, die Ihre Stimmung belasten.

☐ Beschreiben Sie auf eigenem Papier auch alle Umstände und Situationen, die sich ungut auf Ihre Stimmung auswirken.

Wer oder was wirkt positiv auf uns?

Dann erfassen Sie die positiven Fakten Ihrer Situation durch:

☐ eine Liste aller Menschen, die positiv auf Ihre Stimmung wirken;

☐ eine Liste aller Dinge, die Sie angenehm stimulieren sowie

122

☐ eine Liste aller Umstände und Situationen, die Sie in gute Stimmung versetzen.

Ziele erreichen

Sie werden allein aus dieser Arbeit gute Anregungen für eine wirksame Einflußnahme auf Ihre Stimmung bekommen. Schon Goethe hat als eine seiner Lebensweisheiten bezeichnet, Menschen und Umstände zu meiden, die ihn verstimmen. Das geht zwar nicht immer. Aber wir können es sehr viel mehr, als wir glauben, wenn wir planmäßig und konsequent vorgehen.«

Wir sollten meiden, was uns verstimmt.

Welche zusätzlichen Erkenntnisse gewinne ich bei den Management-Planungstagen?

*T*onio Sarnes, 38 Jahre alt, ist Geschäftsführer eines Handelsunternehmens für landwirtschaftliche Maschinen mit Reparaturwerkstatt und Serviceabteilung, das in drei mittelgroßen Städten in Schleswig-Holstein ansässig ist: »Da der Juniorchef, also der Erbe des Unternehmens, nach einigen Jahren feststellen mußte, daß er für die Führung des Unternehmens nicht talentiert ist, habe ich die Geschäftsleitung übernommen. Ich habe einen guten Vertrag aushandeln können: einjährige Kündigungsfrist und Gewinnbeteiligung.

Vor vier Jahren habe ich die persönlichen und unternehmerischen Planungstage bei Ihnen besucht. Mein Erfolgsweg seit dieser Zeit ist verblüffend. Als ich zu Ihnen kam, hatte ich keinen anderen Wunsch, als in die Unternehmensführung zu kommen – obwohl es keine Aussichten gab und ich keinerlei Erfahrungen auf diesem Gebiet hatte. Zwar war ich Meister in einer Landmaschinen-Werkstatt, aber die Geschäftsleitung für ein solches Unternehmen hätte man mir damals sicher nicht zugetraut.

In den persönlichen und unternehmerischen Planungstagen wurde mir klar, welche Stärken und Schwächen ich habe und wie ich meine positiven Eigenschaften am wirksamsten einsetzen kann – unter anderem meine unternehmerischen Anlagen. Aber das alles stand damals noch auf dem Papier.

Ziele erreichen

Dann jedoch konnte ich große Erfolge verzeichnen: Ich sanierte einen Filialbetrieb eines größeren Unternehmens der Branche, der seit Jahren in den roten Zahlen stand. Das wurde bekannt – mir wurde meine neue Aufgabe angetragen, weil die Führungsversuche des Juniors die Mitarbeiterschaft schon sehr verunsichert hatten und manch guter Mitarbeiter bereits die Firma verlassen hatte. Für meinen Erfolg ist es dringend notwendig, dieses Unternehmen bald selbstsicher steuern zu können.

Die Kartoffeln mußten aus dem Feuer geholt werden.

Neben den persönlichen und unternehmerischen Planungstagen bieten Sie auch Management-Planungstage an. Was ist der Unterschied zwischen »unternehmerisch« und »Management«?«

Manfred Helfrecht: »Der Begriff »Unternehmer« ist personenbezogen: Es sind persönliche Eigenschaften, persönliche Begabungen, persönliche Leistungsziele, die den Unternehmer ausmachen. »Management« dagegen ist die Systematik, eine größere Organisation sicher in den Griff zu bekommen. Hiermit meine ich keinen Würgegriff, sondern »Frau oder Herr der Lage zu sein« – denn ein Unternehmen muß nach einer gewissen Methodik organisiert sein oder organisiert werden, wenn sie noch fehlt. Um Ihre persönlichen und unternehmerischen Ziele zu realisieren, müssen Führungskräfte und Mitarbeiter in die Unternehmensziele integriert werden. Tatsache ist: Die Unternehmensziele werden von einem

Antwort

Team dann am wirksamsten realisiert, wenn es diese Ziele mitgestaltet hat. Teamziele unterscheiden sich deshalb sehr wohl von den persönlichen Unternehmer-Zielen – auch wenn sie sich gegenseitig zum Erfolg verhelfen.

Ihre persönliche und Unternehmer-Karriere, Ihr Wunsch nach Vermögen, schönem Auto und exklusivem Urlaub ist doch für Mitarbeiterinnen und Mitarbeiter kein Ziel, für das sie – von Ausnahmen abgesehen – motiviert kämpfen mögen.

Gemeinsam zum Erfolg

Finden Mitarbeiter dagegen ihre persönlichen Wünsche und Bedürfnisse in den Unternehmenszielen wieder, wird Ihr Betrieb mit Sicherheit Erfolg haben.

Deshalb sind die gemeinsamen Zielerarbeitungen sowie die Mittel und Wege zur Realisierung dieser Ziele die beiden wesentlichen Inhalte der HelfRecht-Management-Planungstage.

Neue Ziele können Ängste hervorrufen – deshalb sollten Mitarbeiterinnen und Mitarbeiter an der Gestaltung dieser Ziele mitwirken.

Wenn nämlich der Unternehmer Ziele und Entscheidungen im Alleingang trifft, verunsichert das immer wieder die Mitarbeiterinnen und Mitarbeiter, weil Veränderungen auch Angst erzeugen können. Diese Verunsicherungen und Ängste werden jedoch dann am besten abgebaut, wenn das Team unter Steuerung und Federführung des Unternehmers an den Plänen mitwirkt.

Nicht nur kurzfristig, sondern auch langfristig erfolgreiche Unternehmer und Führungspersönlichkeiten verfügen über ihr eigenes Erfolgskonzept. Ohne ein solches Konzept gibt es in jedem

Unternehmen nur Zufallserfolge und keinen sicheren langfristigen Unternehmensbestand.

Ziele erreichen

In den HelfRecht-Management-Planungstagen erarbeiten Sie sich ein Führungs-System, das auf jahrzehntelanger Erfahrung und Bewährung aufbaut – in mittelständischen Unternehmen, in kleinen und großen Unternehmenseinheiten. Sie arbeiten dieses System passend auf Ihr Unternehmen aus, profitieren von Unternehmer-Erfahrungen und erhalten ein System, das Ihre Unternehmenserfolge verursacht.

Das HelfRecht-Management-System ist für jedes mittelständische Unternehmen geeignet.

Während der Management-Planungstage arbeiten Sie im HelfRecht-Zentrum mit einem Management-Arbeitsordner. Jeder Arbeitsschritt baut logisch auf dem vorhergehenden auf, so daß Sie nach Ablauf der Planungstage über ein im Entwurf fertiges Konzept verfügen, das Ihnen zeigt, wie Sie neue Wege zu Ihren unternehmerischen Erfolgen finden können. Sie werden durchsetzungsfähiger und dabei zusätzlich als Führungskraft beliebter; Menschen werden – wie in einem erfolgreichen Sportverein – gerne unter Ihrer Regie für Unternehmenserfolge kämpfen.

Partner für das Unternehmen gewinnen

Dieses Management-System bezieht auch das menschliche Umfeld jedes Unternehmens in Analysen und Planungen ein, um möglichst viele Förderer, Freunde und Tipgeber für den Unternehmenserfolg zu finden.

Auch das menschliche Umfeld jedes Unternehmens wird im Management-System berücksichtigt.

Kunden zu Freunden Ihres Unternehmens zu machen, ist ein wesentlicher Planungsbestandteil in den Management-Planungstagen. Denn: Werbung kann guten Ruf und Empfehlungen nicht ersetzen! Eine erfolgreiche Führungskraft muß überzeugende Ausstrahlung und Charisma besitzen – das HelfRecht-Management-System ist dazu förderlich. Es fällt Ihnen mit seiner Hilfe leichter, zwischenmenschliche Spannungen zu lösen; Beschwerdeführer können zu Erfolgsfaktoren für den Unternehmenserfolg werden. Statt energieverschleißendem Gegeneinander erreichen Sie ein schlagkräftiges Miteinander.

Nicht gegeneinander, sondern miteinander!

Eines der wesentlichen Ziele dieses Systems ist: Mitarbeiter, Kunden, Lieferanten, sogar Behörden und Ämter gewinnen Sie zu Partnern Ihres Unternehmens!

Mehr Gewinne und Spitzeneinkommen

Ihr Nutzen: ein guter Ruf, die notwendigen Gewinne für das Unternehmen und ein Spitzeneinkommen für Sie selbst. Das alles ist in Firmen möglich, die mit dem HelfRecht-Management-System arbeiten, wie Berichte in der Zeitschrift »methodik« und der Fachpresse zeigen.

Jede unternehmerische Herausforderung läßt sich mit dem HelfRecht-Management-System lösen und jede auch noch so hoch gegriffene unternehmerische Zielvision realisieren.

Persönliche Beratung gehört zu unserem Service.

Gewiß – Sie werden dabei an manche Hürde und Schwierigkeit stoßen und anfangs noch nicht über genügend Know-how verfügen, um zu entscheiden, mit welchem Arbeitsmittel des HelfRecht-Systems das Ziel, die Problemlösung, am besten anzugehen ist. Deshalb beraten Sie im persönlichen Gespräch Geschäftsleitungs-Mitglieder und Führungskräfte der Firmengruppe

HelfRecht. Sie als Teilnehmer an den HelfRecht-
Management-Planungstagen haben sogar einen
persönlichen Berater aus dem Führungsteam der
Firmengruppe, den Sie während der Planungstage
persönlich kennenlernen und mit dem Sie Schritte
zur individuellen Einführungs-Beratung abstim-
men. Wir begleiten Sie auf dem Weg zu Ihrem
unternehmerischen Erfolg und sind Ihnen für alle
Fragen, die Ihnen dabei entstehen, gerne beraten-
der Gesprächspartner – und dies ohne zusätzliche
Kosten für Sie!«

Muß der Chef dauernd präsent sein?

I ris Grosser führt zusammen mit ihrem Mann ein Einzelhandelsunternehmen der Zweirad-Branche mit drei Filialbetrieben in Rheinland-Pfalz. Das Inhaber-Ehepaar geht sehr planmäßig vor und kann ein Erfolgsjahr nach dem anderen verzeichnen. Umsatzentwicklung, Gewinn, Liquidität und auch der gute Ruf des Unternehmens bei Kunden sowie Mitarbeiterinnen und Mitarbeitern stimmen. Ehrgeizig, wie die beiden sind, arbeiten sie ständig an einer Lageverbesserung ihres Unternehmens:

»Mein Mann und ich sind leidenschaftliche Freizeit-Motorradfahrer. Als junge Menschen haben wir beide auch Rennen und Motocross-Wettbewerbe gefahren, sind aber recht vernünftige und gemütliche Freizeitfahrer geworden. Das Genießen der schönen Natur abseits von Schnellverkehrswegen macht uns heute Spaß. Dabei fahren wir nicht mehr hochgezüchtete Maschinen, sondern die gemütlichen, schweren, komfortablen »Reise-Dampfer«.

Die Anfänge unserer unternehmerischen Tätigkeit haben sich also ganz natürlich entwickelt und wir machten das Hobby zum Beruf. Eines Tages stießen wir jedoch an Grenzen und das Unternehmen kam in eine Krise. Damals haben wir uns persönlich mit dem HelfRecht-Planungssystem ausgerüstet, im zweiten Schritt dann alle unsere Führungskräfte und ohne Zwang auch die daran interessierten Mitarbeiterinnen und Mitarbeiter.

Schon bei der Firmengründung hatten wir langfristige große Ziele. Erst durch das HelfRecht-System lernten wir, auch Monats- und Jahreszielpläne anzulegen.

Ziele erreichen

Zwei Extreme steuerten also unser Disponieren und Entscheiden: Einerseits gab es das verlockende langfristige Ziel, andererseits wurde unser Handeln durch die täglichen Notwendigkeiten bestimmt, also das Disponieren in Tagen, Wochen und Monaten eines Finanzjahres. In Texten Ihrer Zeitschrift »methodik« stoßen wir nun immer wieder auf den Begriff »Mittelfristige Zielplanung« und »Unternehmens-Periodenzielplan«. Zwar steht der Besuch der HelfRecht-Planungstage in Bad Alexandersbad auf unserer Wünscheliste. Da wir aber zusammen kommen wollen, läßt sich dieser Wunsch aufgrund der betrieblichen Notwendigkeiten nicht so leicht realisieren. Deshalb fahren wir also schon seit zwei Jahren gar nicht mehr gerne lange in Urlaub. Bitte geben Sie mir einige Anregungen zu einer mittelfristigen Zielplanung!«

Was bedeuten mittel- und langfristige Zielplanung?

Manfred Helfrecht: »Es ist nicht zweckmäßig, daß Sie beide zusammen die HelfRecht-Planungstage besuchen. Eine getrennte Bearbeitung der Analysen und Pläne hier in Bad Alexandersbad hat sogar etliche Vorteile: So können die individuellen Charakter-Merkmale des einzelnen besser herausgearbeitet werden – und erst nachher wird das Bearbeitete gemeinsam abgestimmt. Das kann manchmal nützlicher sein als die gemeinsame Teilnahme an den HelfRecht-Planungstagen.

Antwort

Eine längere Abwesenheit muß möglich sein

Aber daß Sie beide zusammen nur schwer aus dem Unternehmen herauskönnen, zeigt mir auch, wie dringend Sie ein unternehmerisches Planungs- und ein Management-System benötigen. Ihr Betrieb hat nun offensichtlich eine Größe erreicht, daß Führungskräfte sowie Mitarbeiterinnen und Mitarbeiter eigendynamisch arbeiten müssen – unabhängig von der dauernden Präsenz des Chefs. Überlegen Sie: Was geschähe, wenn Sie durch Unfall oder Krankheit ausfielen oder Sie beide einige Wochen oder gar Monate nicht im Betrieb sein könnten? Ein gutes Management-System muß deshalb auch eine längere Abwesenheit der Geschäftsleitung möglich machen. Krankheit ist ja nur der eine mögliche Anlaß; unternehmerisch geforderte Menschen brauchen vielmehr auch ausreichend lange Erholungs- und Urlaubsphasen – und der eine oder andere möchte sich auch gerne einmal für einige Monate zu einer Weltreise abmelden. Warum sollte Ihnen das nicht möglich sein?

Jedem Unternehmer und jeder Führungskraft sollte es möglich sein, eine längere Zeit aus dem Unternehmen abwesend sein zu können.

Gerne gebe ich Ihnen Anregungen zur Erstellung einer mittelfristigen unternehmerischen Zielplanung: Als erstes ist die Zeitspanne für Ihre mittelfristige unternehmerische Zielplanung festzulegen. Wenn Sie beispielsweise als Gründerpersönlichkeit ganz wesentlich Geschicke Ihres Unternehmens bestimmen, so ist es sinnvoll, für Ihren Unternehmens-Periodenzielplan die gleiche Zeitspanne wie für Ihren persönlichen Periodenzielplan (sieben Jahre) zu wählen.

Wird Ihr Unternehmen aber von einem Team geleitet, sind Sie beispielsweise der Teamkopf der Führungsrunde – ein »Primus inter pares« –, so ist

132

die Zeitspanne für den Unternehmens-Perioden-zielplan nicht auf Ihre eigene Lebensperioden abzustimmen. Wählen Sie dann beispielsweise einen Fünf-Jahres- oder einen Zehn-Jahres-Rhythmus.

Ziele erreichen

Berücksichtigen Sie dabei aber auch branchentypische Zyklen und Perioden. Es gibt schnellebige Branchen, in denen zum Beispiel die Modellpolitik in gewissen Mehrjahreszyklen abläuft. Mit Ihrer mittelfristigen Zielplanung können Sie dann auch auf solche Gesetzmäßigkeiten eingehen.

Mittelfristige Unternehmensziele müssen sich auch nach Branchengepflogenheiten richten.

Den Unternehmens-Lebenszielplan in Perioden realisieren

Entscheiden Sie bitte auch, ob Sie den Unternehmens-Periodenzielplan als abgeschlossene Zieleinheit formulieren und Ihre Erfahrungen, Ideen und Wünsche für den nächsten Periodenzielplan während dieser Zeit sammeln – oder ob Sie den Unternehmens-Periodenzielplan »rollierend« gestalten. Das bedeutet, daß jährlich die aus der mittelfristigen Zielplanung erledigten Positionen herausgenommen und zusätzliche, neue mittelfristige Ziele hineingeschrieben werden.

Der Unternehmens-Periodenzielplan hat große Bedeutung für Ihr Unternehmen, für Sie persönlich, für Ihre Führungskräfte sowie Ihre Mitarbeiterinnen und Mitarbeiter: Sie legen Schritte fest zur Realisierung Ihres Unternehmens-Lebenszielplanes!

Mit dem Unternehmens-Periodenzielplan Schritte zur Realisierung des Unternehmens-Lebenszielplanes gehen.

Der Unternehmens-Periodenzielplan ist aber zugleich auch Meßlatte für Sie und die Menschen im Unternehmen, wie ausdauernd die auftretenden Hinternisse aus dem Weg geräumt werden und Schritt für Schritt an der Realisierung des Unternehmens-Lebenszielplanes gearbeitet wird. Der Periodenzielplan hilft Ihnen zudem, neben den jeweiligen Notwendigkeiten die begeisternden Wunschziele für die Unternehmens-Jahreszielpläne zu finden und gut zu formulieren.

Keine hastigen Kurskorrekturen

Mit Hilfe dieses Periodenzielplanes vermeiden Sie auch zu schnell und kurzfristig angesetzte Kurskorrekturen, die Ihrem Unternehmen nur Schaden bringen würden. Alle Vorhaben, die sich in Zeitabschnitten von einem Jahr und weniger nicht erreichen lassen, stehen ebenfalls in diesem Unternehmens-Zielplan. So stellen Sie sicher, daß der Unternehmens-Jahreszielplan nicht überfrachtet wird und Ihre Mitarbeiterinnen und Mitarbeiter wegen nicht erreichter Ziele demotiviert werden. Schreiben Sie also in den Unternehmens-Periodenzielplan all jene neuen Projekte und Änderungen der bisherigen Vorgehensweise oder Marketing-/Modellpolitik, zu deren Realisierung Sie innerhalb eines Jahres keine Chancen sehen.

Vorsicht! Der Unternehmens-Jahreszielplan darf nicht überfrachtet werden. Denn nicht erreichte Ziele können Mitarbeiterinnen und Mitarbeiter demotivieren.

Der »Management-Zielplan« aus dem HelfRecht-Zeitplanbuch erinnert Sie regelmäßig monatlich an die Ideensammlung für den Unternehmens-Periodenzielplan. So ist gewährleistet, daß diese mittelfristige unternehmerische Zielplanung nicht erstarrt und unaktuell wird, sondern statt dessen immer die jeweiligen chancenreichsten Zielvorgaben für Sie und alle im Unternehmen beinhaltet.«

Wie kann ich einen Unternehmens-Jahreszielplan entwickeln?

Ziele erreichen

Willi Preis ist Geschäftsführer einer Friseur-salon-Kette mit Filialen in zwölf Großstädten der Bundesrepublik Deutschland. Er hat das Unternehmen selbst aufgebaut; heute verantwortet er Marketing und den kaufmännischen Bereich, seine Lebensgefährtin nimmt die fachliche Geschäftsführungs-Verantwortung mit Erfolg wahr. Eine telefonisch geäußerte Frage lautete: »Alle Führungskräfte in unseren Friseursalons arbeiten seit zwei Jahren mit dem HelfRecht-Planungssystem. Die Rendite ist in dieser Zeit um 60 Prozent gestiegen, der Umsatz um 30 Prozent – es hat sich also viel getan bei uns.

Frage

Im »Zielplan für den Monat« des HelfRecht-Zeitplanbuches steht unter Position 1. der Text »Wann sehe ich meinen persönlichen Jahreszielplan (und den Unternehmens-Jahreszielplan) durch?« Wir wollen nun erstmals einen Jahreszielplan entwerfen, der diese Bezeichnung auch wirklich verdient. Bis jetzt gab es nur jährliche Aktivitäts-Listen für jede Führungskraft, meine Frau und mich. Bitte geben Sie mir Hinweise, wie ich einen Unternehmens-Jahreszielplan sorgfältig erarbeiten kann.«

Der erste Entwurf eines Unternehmens-Jahreszielplanes ist gar nicht so leicht.

Manfred Helfrecht: »Einen Unternehmens-Jahreszielplan in der von Ihnen gewünschten Form zu erstellen, ist – zumindest zu Beginn – nur unter Anleitung eines erfahrenen Unternehmers

Antwort

bei den HelfRecht-Management-Planungstagen möglich. Gern aber gebe ich Ihnen einige Hinweise, wie Sie sich einen Unternehmens-Jahreszielplan auch ohne das HelfRecht-Management-System erarbeiten können.

Der Unternehmens-Jahreszielplan als Leitlinie

Der Unternehmens-Jahreszielplan als Leitlinie für alles Handeln im Tagesgeschäft.

Gerade der gemeinsam mit Führungskräften, Mitarbeiterinnen und Mitarbeitern gestaltete Unternehmens-Jahreszielplan ist für alles Handeln im Unternehmen immer wieder die Leitlinie; er zeigt den Handlungsspielraum jedes einzelnen auf und fordert die Kreativität. Allzu groß ist nämlich die Gefahr, daß unvorhergesehene Ereignisse und die Hektik des Tagesgeschäftes – Einflüsse von außen – Sie zu einem inkonsequenten Handeln verführen. Damit das nicht geschieht, benötigen Sie einen Unternehmens-Jahreszielplan.

Zwei Gesichtspunkte sind im Verlauf des Unternehmens-Jahres zu beachten:
1. Das Unternehmens-Jahresziel ist keine starre Vorgabe. Veränderungen der Situation werden durch eine Aktualisierung des Zieles rechtzeitig berücksichtigt.
2. Diese Zielaktualisierung bringt aber auch eine Gefahr mit sich: In den meisten Unternehmen wird die Realisierung eines Zieles zu früh aufgegeben, weil die Schwierigkeiten oft kurz vor der Erreichung des Zieles am größten sind. So sind die meisten Menschen deshalb erfolglos, weil sie zu früh aufgeben – und nicht deshalb, weil ihnen die Zielrealisierung nicht möglich ist.

Oftmals sind die Schwierigkeiten kurz vor der Erreichung eines Zieles am größten.

136

Wägen Sie also zusammen mit den Menschen, auf deren Meinung Sie erfahrungsgemäß bauen können, sehr sorgfältig ab: Kämpfe ich weiter um den Erfolg der jeweiligen Ziel-Position oder ist es sinnvoller, sie durch ein besser auf die veränderte Lage eingehendes Ziel-Detail zu ersetzen?

Ziele erreichen

Wann ist es sinnvoll, ein Ziel zu verändern oder sogar ganz zu streichen?

Klare Voraussetzungen durch den Unternehmens-Jahreszielplan

Sie selbst und Ihre Führungspersönlichkeiten planen aufgrund des Unternehmens-Jahreszielplanes mit dem Management-Zielplan im HelfRecht-Zeitplanbuch die Zielschritte für den jeweiligen Monat. Der Unternehmens-Jahreszielplan ist aber auch für die »Mangel-/Erfolgsberichte« aller Mitarbeiterinnen und Mitarbeiter die einzige Ziel-Orientierung. Dieses Erfolgssystem für Kreativität und Leistung lernen Sie im HelfRecht-Management-System kennen.

All Ihr Entscheiden und Handeln orientiert sich am Unternehmens-Jahreszielplan – und so werden Sie und Ihre Führungskräfte für Ihre Mitarbeiterinnen und Mitarbeiter zu klar berechenbaren Persönlichkeiten: Jeder weiß, wofür und wogegen die Führung entscheiden wird. Der unternehmerische Jahreszielplan bringt also Kontinuität und Ausdauer, Berechenbarkeit und eine klare Linie ins Unternehmen. Verunsicherung und Handlungslähmung werden dadurch vermieden; Ihre Mitarbeiterinnen und Mitarbeiter müssen nicht mehr kritisieren, daß es »mal rein in die Kartoffeln und mal raus aus den Kartoffeln« durch mangelnde Führungsleitlinien geht. So entsteht ein schlagkräftiger Teamgeist wie in erfolgreichen Sportmannschaften! Jeder weiß, was zu tun und zu

Der Unternehmens-Jahreszielplan sorgt für Kontinuität, Ausdauer, Berechenbarkeit und eine klare Linie im Unternehmen.

Mitarbeiterin-
nen und Mitar-
beiter können
sich nicht für
den Unterneh-
menserfolg
engagieren,
wenn sie nicht
informiert
sind.

lassen ist, jeder kann all seine Kräfte voll investieren.

Nicht informiert zu sein, schwächt die Einsatzbereitschaft Ihrer besten Kräfte. Und: Plötzliche
Kursänderungen machen sogar Angst! Ein gut
geführter Unternehmens-Jahreszielplan dagegen
vermeidet solche leistungshemmenden Verunsicherungen.

Ein Unternehmens-Jahreszielplan wird aus
folgenden Quellen entwickelt:
1. Unternehmens-Lebenszielplan,
2. Unternehmens-Periodenzielplan,
3. Ergebnisse der monatlichen Mangel-/Erfolgs-
   berichts-Besprechungen,
4. Mängellisten der Führungspersönlichkeiten des
   Unternehmens,
5. Auswertung/Zusammenfassung der Unternehmens-Situationsanalyse.«

Wie kann ich den Teamgeist in unserer Führungsrunde fördern?

Ziele
erreichen

Lutz Wendeln, 55 Jahre alt, ist Inhaber eines Unternehmens der Farb- und Lackindustrie mit 80 Millionen Mark Umsatz. Der Betrieb verfügt über Standorte in der Bundesrepublik Deutschland, in Österreich und der Schweiz: »Ich bin mit der Abstimmung und dem Gemeinschaftsgeist in unserem Führungsteam nicht zufrieden. Zu sehr kämpft jeder für seine persönliche Karriere und engagiert sich nur deshalb für das Unternehmen.

Frage

In den vergangenen fünf Jahren habe ich die verschiedensten Aktionen betrieben, um den Teamgeist in unserer Führungsrunde zu entwikkeln: gemeinsame Seminarbesuche, Klausurtagungen in exklusiven Hotels und regelmäßige Besprechungen. Zusätzlich haben wir eine Firmenphilosophie entwickelt und darin die ethischen Werte unseres Hauses, unsere Verpflichtung der Umwelt gegenüber, der Gesundheit der Verarbeiter unserer Farben und Lacke sowie der Verbraucher unserer Produkte dargestellt.

Die Firmenphilosophie ist zwar sehr ausführlich, entspricht aber doch nur dem »Durchschnitt« der Branche.

Aber unsere Firmenphilosophie ist der anderer Unternehmen unserer Branche recht ähnlich: Jeder schreibt, wie gut und brav er ist und daß er das Allerbeste nur allerbestens erledigt. Solche Texte sind jedoch wenig attraktiv, weil sie verallgemeinern und letztlich für alle Unternehmen zutreffen, die besser sind als das Mittelmaß. Eine rechte Wirkung auf die Einigkeit in unserer Führung geht davon nicht aus.

Mir ist aber bewußt, daß wir noch sehr viel mehr erreichen könnten, wenn wir uns in der Führungsrunde einig wären. Ich weiß, daß wir manchen möglichen Erfolg nicht realisieren können, weil sich immer wieder etliche unserer Geschäftsleitungs-Mitglieder uneinig sind.

Soll ich selbst immer und überall dasein, um als der, der die Runde zusammenhält, noch wirksamer zu agieren? Ich habe es schon versucht und dabei eher den Eindruck gewonnen, daß meine Aktivität als lästig empfunden wird und ich meine natürliche Autorität dabei eher verwässere.

Ist es richtig, bei jeder Besprechung dabeizusein?

Dadurch fehlt auch die stabilisierende Ruhe in unserer Führungs-Crew. Das führt zur Verunsicherung in der nächsten Führungsschicht und von dort aus bei allen Mitarbeiterinnen und Mitarbeitern. Geschäftsleitungs-Mitglieder, die ihren Streit und ihre Meinungsverschiedenheiten vor Mitarbeiterinnen und Mitarbeitern austragen, wirken verunsichernd. Sie haben nicht die Autorität, die sie haben könnten.«

Antwort

Manfred Helfrecht: »Nicht nur Sie haben dieses Problem. Starke Führungspersönlichkeiten sind meist so extreme Individualisten, daß sie nur außerordentlich schwer koordiniert werden können. Jeder profiliert sich mit seinem Charakter und seinem individuellen Weg.

Mehr Leistung durch gemeinsame Ziele

Vieljährige Erfahrungen zeigen jedoch: Gemeinsam erarbeitete Ziele vereinen eine Führungsmannschaft am besten. Die Teams, die sich auf ein einheitliches Ziel geeinigt haben, sind am schlagkräftigsten. Und dies strahlt dann auch positiv auf die nächste Führungsschicht und über diese auf alle Mitarbeiterinnen und Mitarbeiter aus. Ich kann es immer wieder beobachten: Die gemeinsame Zielentwicklung hebt das Leistungs-Niveau bei allen Menschen im Unternehmen!

Ziele erreichen

Eine einmalige Chance, einen Konsens mit Ihren Mitarbeiterinnen und Mitarbeitern zu erarbeiten, bietet Ihnen der Unternehmens-Lebenszielplan. Sie können nicht davon ausgehen, daß jede Ihrer Mitarbeiterinnen und jeder Ihrer Mitarbeiter alle seine Kräfte mobilisieren mag, um *Ihre* Ziele zu verwirklichen. Menschen brauchen für die Entfaltung aller ihrer Kräfte Ziele, die sie selbst gestaltet oder doch zumindest selbst mitgestaltet haben. Die Unternehmens-Zielplanung ist deshalb eine der scheinbar geheimnisvollen Kräfte, die dem HelfRecht-Management-System die von den Anwendern des Systems so sehr geschätzte Erfolgsdynamik verleihen.

Mit dem Unternehmens-Lebenszielplan die Mitarbeiterinnen und Mitarbeiter zur Zielrealisierung motivieren.

Sicher werden Sie zuerst einmal selbst einen Entwurf dieses Zielplans formulieren. Diese Texte sollten Sie jedoch sodann Ihren Führungskräften vorlegen, damit jeder seine eigenen unternehmerischen Zielvorstellungen einarbeiten kann.

Erst anschließend erhalten alle Mitarbeiter die Möglichkeit, die Ziele mitzugestalten. Dazu können Sie spezielle Lebenszielplan-Formblätter im HelfRecht-Management-System nutzen.

Mit Hilfe spezieller Formblätter können Mitarbeiterinnen und Mitarbeiter bei der Gestaltung der Ziele einbezogen werden.

So ist also die erste Anforderung an Sie, zuerst einmal selbst langfristige Ziele für Ihr Unternehmen im Entwurf zu beschreiben. Die unternehmerischen Notwendigkeiten und Ihre persönlichen unternehmerischen Erfolgswünsche sind die Grundlage dafür. In diesem Zielplan steht der Energiestoff für Ihr eigenes erfolgreiches Handeln wie für das erfolgsorientierte Handeln Ihrer Führungskräfte. Die Kräfte der für Sie wichtigen Menschen werden vor allem von dem Nutzen mobilisiert, den Ihr Unternehmen der menschlichen Gemeinschaft bietet. Daraus entsteht überhaupt erst die Motivation, an den Zielen Ihres Unternehmens mitzuarbeiten – und zu akzeptieren, daß dabei Ihre persönlichen unternehmerischen Ziele und Wünsche erfüllt werden.

Welchen Nutzen bietet Ihr Unternehmen der menschlichen Gemeinschaft?

Eine Zielfotografie mit Worten

Beschreiben Sie bei der Zielplanung nur den gewünschten Endzustand. Vor allem bei den langfristigen Zielen ist es notwendig, daß Sie diese Ziele vor Ihren geistigen Augen sehen können: Das ist Ihre Vision. Ziele, die Sie bei geschlossenen Augen zu sehen vermögen, werden Sie durch Einsatz eines bewährten Planungssystems auch realisieren können. Das garantiert uns unser Unterbewußtsein, denn mit den vor dem geistigen Auge erscheinenden Bildern signalisiert es Ihnen, wofür Sie begabt sind, wofür Sie eigene Kräfte und die anderer Menschen mobilisieren können.

Unser Unterbewußtsein hilft uns dabei, unsere Visionen zu realisieren.

Nur solche Texte, die den angestrebten Zustand, nicht die Schwierigkeiten des Weges dahin beschreiben, können bei Ihnen und anderen Menschen Begeisterung für die Realisierung dieser Ziele auslösen.

Bedenken Sie bei der Formulierung des Unternehmens-Lebenszielplanes auch, daß er über Ihr eigenes aktives Schaffen hinausreichen

142

muß; 50 bis 80 Jahre sind dabei durchaus keine utopischen Zeiträume. Ein Beispiel: Wenn Sie als etwa 30jähriger einen Unternehmens-Lebensziel-plan formulieren, der auch dann, wenn Sie 60 Jahre alt sind, einen jungen Menschen zum Einstieg in Ihr Unternehmen motivieren soll, müssen Sie schon einen Zeitraum von mindestens 70 Jahren überdenken. Denn dieser junge Mensch plant auch voraus: Er will wissen: Ist Ihr Betrieb für ihn nur ein kurzfristiges Sprungbrett, weil Sie das Unternehmen aufgeben werden, wenn Sie selbst in den Ruhestand gehen? Oder bleibt dieser Betrieb auch über die Schaffenszeit des jetzigen Chefs hinaus lebensfähig und bietet ihm so auch langfristige Existenz- und Erfolgschancen?

Ziele erreichen

Mit langfristigen Zielen werden auch jungen Menschen Perspektiven vermittelt.

Motivieren mit langfristigen Zielen

Eine weitere Überlegung macht deutlich, wie wichtig diese Visionen im Unternehmens-Lebens-zielplan sind: Als Führungskraft steigt zwar Ihre geistige Kapazität, aber etwa als 60jähriger verfügen Sie nicht mehr über die physische Dynamik eines 25jährigen. Das Unternehmens-Lebensziel muß also ein junges, kampffreudiges Team motivieren und gewinnen, damit Sie, wenn Sie die Führung einmal aus der Hand geben, einen leistungsfreudigen, dynamischen und erfolgsfähigen menschlichen Organismus übergeben können. Sogar Ihre persönliche Gesundheit wird davon wesentlich beeinflußt werden, wenn Sie in die Übergabephase kommen. Ein dann noch zukunftsorientiertes geistig und körperlich agiles Team wird den Wert Ihres Unternehmens mehr bestimmen als seine mobilen und immobilen Werte.

Menschen sind für ein Unternehmen wichtiger als Sachwerte.

Damit also aus Ihnen und Ihren Mitarbeitern ein Erfolgsteam wird, das auch große und bedeutende Ziele realisieren kann, muß schon bei der Zielplanung das zu verwirklichende Ziel in seiner schönsten Form beschrieben sein. Diese »Zielfotografie mit Worten« löst dann das richtige Planen und Handeln aus. Formulieren Sie also die Zielpläne so, als ob diese gemeinsam mit Ihren Führungskräften, Mitarbeiterinnen und Mitarbeitern bereits erreicht worden seien.

Verschiedene Aspekte berücksichtigen

Vier verschiedene Aspekte sollten Sie bei der Formulierung Ihres Unternehmens-Lebenszielplanes berücksichtigen:

1. Welche Bedeutung soll Ihr Unternehmen für die menschliche Gemeinschaft haben? In unserer demokratischen Welt fragen Menschen kritisch bei jeder Aktion, für die sie sich einsetzen sollen, ob sie damit der menschlichen Gemeinschaft nutzen oder schaden. Die Menschen, mit denen Sie arbeiten, sind dafür durch unsere Medien sehr sensibilisiert. So stehen Sie also zuerst einmal vor der Aufgabe, festzulegen und zu beschreiben, welchen Sinn und Wert Ihr Unternehmen für andere hat. Erst dann werden sich die notwendigen Kräfte engagieren, damit auch Ihre persönlichen unternehmerischen Wünsche und Ziele zu Erfolgen werden.

Für welche Gruppe von Menschen soll Ihr Unternehmen bedeutend werden? Von welchen Menschen soll Ihr Unternehmen wofür Anerkennung erhalten? Was soll Ihr Unternehmen erreichen und auf welchen Gebieten soll es Nutzen bieten? Welche Aufgabe, welches

Welchen Nutzen bietet ein Unternehmen der Gemeinschaft? Diese Frage wird in Zukunft noch bedeutender sein als bisher.

Produkt, welche Dienstleistung soll Ihr Unternehmen zum Nutzen anderer bieten?

Ziele erreichen

Im mitmenschlichen Bereich: Welche Menschen bedeuten Ihnen viel? Wen wollen Sie fördern und wem durch die Leistungen Ihres Unternehmens zu Erfolg verhelfen?

Wer ist für das Unternehmen wichtig?

2. In gesundheitlicher Hinsicht: Was soll Ihr Unternehmen für die Gesundheit anderer Menschen tun? Welche Umwelt-Gefährdungen wird Ihr Unternehmen vermeiden und statt dessen zum Gedeihen unserer Umwelt beitragen?

3. Welche materiellen Ziele streben Sie für Ihr Unternehmen langfristig an? Über welche mobilen und immobilen Werte soll Ihr Unternehmen in weiterer Zukunft verfügen? Welchen Menschen wird Ihr Unternehmen zu materiellem Erfolg verhelfen?

4. Welchen Ruf soll Ihr Unternehmen haben? Für welche Leistungen soll es von welchen menschlichen Gemeinschaften oder Gruppen wertgeschätzt und anerkannt werden? Und: Welchen Menschen wird Ihr Unternehmen zu Anerkennung verhelfen?

Die größten Energien stecken in Ihren Wünschen, aber bedenken Sie, daß auch die Wünsche der Menschen, die für den Erfolg Ihres Unternehmens von Bedeutung sind, durch die Ziele Ihres Betriebes angesprochen werden.

Ein Erfolgsrezept: Wünsche der Menschen respektieren und erfüllen.

Keine Kompromisse! Machen Sie bei der Lebenszielplanung keine Abstriche! Durch jeden Kompromiß verringern Sie die Kräfte in Ihrer menschlichen Umwelt und bei Ihnen selbst. Wenn Sie in der Lebenszielplanung nicht das uneinge-

Der Unterneh-
mens-Lebens-
zielplan muß
das uneinge-
schränkte Ideal
beschreiben –
nur so ist der
Erfolg ge-
sichert.

schränkte Ideal beschreiben, mindern Sie Begeisterung und Durchhaltevermögen Ihrer Mannschaft
und bei Ihnen selbst – der Erfolg wird unsicher.

In den Jahreszielplänen jedoch werden Sie
immer wieder Kompromisse schließen müssen
zwischen dem, was Sie sich wünschen und dem,
was an Notwendigkeiten, Hindernissen und
Schwierigkeiten bewältigt werden muß. Aber die
Kraft, die Sie zur Bewältigung der Jahreszielpläne
benötigen, kommt letztlich aus einem Sie und
andere Menschen begeisternden Unternehmens-
Lebenszielplan. Beschreiben Sie also »mutig«
Ihren Ideal-Traum vom Erfolg Ihres Unternehmens.

Der nächste Schritt ist dann, diesen Textent-
wurf Ihrer obersten Führungscrew vorzulegen.
Lassen Sie jeden daran arbeiten, bis ein Text entsteht,
an dem alle Führungskräfte mitgewirkt haben. Dazu
gehört, daß jeder seine eigenen Zielvorstellungen
darin wiederfinden muß – der daraus entstehende
Teamgeist ist das, was Sie sich so sehr wünschen!

Unter-
nehmens-
Lebensziel-
pläne sind
nicht in Stein
gemeißelt.

Auch ein Unternehmens-Lebenszielplan ist
nicht endgültig. Sie werden im HelfRecht-Management-System regelmäßig Empfehlungen finden,
auch den Unternehmens-Lebenszielplan zu überarbeiten und auf seine Aktualität hin zu überprüfen
und zu gestalten. So, wie Ihr Unternehmen voran-
kommt und Sie auch als unternehmerische Persönlichkeit sich entfalten, wird der Unternehmens-Lebenszielplan in den Details klarer und auch mutiger
formuliert.«

Warum sind die emotionalen Bedürfnisse so wichtig?

Ziele
erreichen

*K*arsten Scheng, 40 Jahre, gründete vor 10 Jahren sein Fuhrunternehmen für Spezialtransporte. Er beschäftigt 200 Mitarbeiter: »Von Führungskräften und Mitarbeitern werden sachliche und fachliche, keine emotionalen Entscheidungen verlangt. Also müßten doch auch die Nutzen-Darstellungen, die Sie für Ihre Berufliche Situationsanalyse anregen, rein sachlich ausfallen.«

Frage

*M*anfred Helfrecht: »Zweifellos gehören die rein sachlichen Nutzen-Darstellungen in die Zweckbeschreibung der Beruflichen Situationsanalyse. Wir leben aber in einer Zeit der steigenden emotionalen Bedürfnisse – nicht nur bei den Mitarbeiterinnen und Mitarbeitern, sondern auch bei den Kunden und sogar Lieferanten.

Antwort

Das heißt, daß die
1. materiellen Grundbedürfnisse und
2. Sicherheitsbedürfnisse bei den meisten Menschen befriedigt sind und nun andere Bedürfnisse, wie etwa
3. die Kontaktbedürfnisse,
4. die Anerkennungsbedürfnisse,
5. die Selbstentfaltungsbedürfnisse
mehr und mehr in den Vordergrund rücken.

Andere Bedürfnisse rücken in den Vordergrund.

Der emotionale Nutzen wird immer wichtiger

Deshalb wird in den Zweckbeschreibungen sehr wohl auch der emotionale Nutzen beschrieben. Ich meine sogar: Es wird immer notwendiger, gerade auch mit dem Leistungsangebot emotional Nutzen zu bieten.

Sie finden in *Abbildung 8* sehr gut den Zusammenhang zwischen der psychologischen Entwicklung einer Persönlichkeit und den Einflußstärken der Bedürfnisse dargestellt: Die emotionalen Intensitäten der Grund- und der Sicherheitsbedürfnisse sind relativ niedrig. Wenn sie befriedigt sind, sinken sie auf ein normales Niveau ab. Kontakt- und Anerkennungsbedürfnisse – nach Befriedigung von Grund- und Sicherheitsbedürfnissen – sind dagegen emotional sehr intensiv wirksam. Aber auch ihre Kurven fallen steil ab, wenn diese Bedürfnisse befriedigt sind.

Ein Beispiel aus der Praxis: Wenn ein Schauspieler in fast allen Medien intensiv Interesse erweckt hat und dadurch große Anerkennung erhält, wird es für ihn plötzlich problematisch, dieses Bedürfnis weiter zu befriedigen.

Er kann kaum noch ein ungestörtes, persönliches, privates Erlebnis haben: Gleichgültig, wo er sich befindet – stets gibt es ein öffentliches Interesse für ihn. Es gibt keine Ruhe mehr, keine vertraulich-persönliche Atmosphäre. Die Folge: Das Anerkennungsbedürfnis fällt ganz rapide ab.

Wir neigen zu immer mehr Selbstentfaltung

Interessant ist aber, wie *Abbildung 8* zeigt, daß das Bedürfnis nach Selbstentfaltung nicht zu

Kontakt- und Anerkennungsbedürfnisse haben eine sehr starke emotionale Wirkung – aber auch ihre Bedeutung kann im Laufe der Zeit sinken.

148

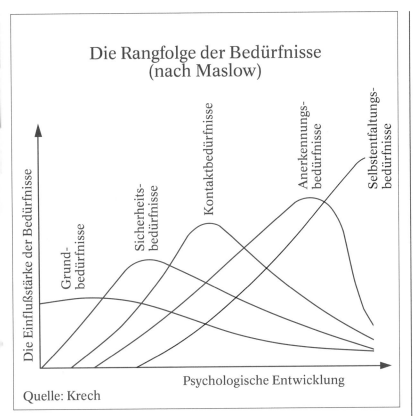

Die Rangfolge der Bedürfnisse
(nach Maslow)

Die Einflußstärke der Bedürfnisse

Grund-
bedürfnisse

Sicherheits-
bedürfnisse

Kontaktbedürfnisse

Anerkennungs-
bedürfnisse

Selbstentfaltungs-
bedürfnisse

Psychologische Entwicklung

Quelle: Krech

Ziele
erreichen

*Abbildung 8:
Grund-,
Sicherheits-,
Kontakt-
und Anerken-
nungsbedürf-
nisse können
befriedigt wer-
den – das
Bedürfnis
nach Selbst-
entfaltung
jedoch nicht.*

Ende geht. Offensichtlich liegt dem Menschen an
der Entfaltung all seiner Veranlagungen und
Begabungen so viel, daß hier kaum ein Ende
abzusehen ist. Ist eine Veranlagung entfaltet, wird
die nächste wirksam.

Diese *Abbildung* bringt meines Erachtens die
Bedürfnisbefriedigungs-Theorie, zu der Maslows
Lebensarbeit sehr beigetragen hat, auf einen
einfachen Nenner und macht sie für Führungskräfte nutzbar.

Interessant ist auch, daß sich Dr. Gustav
Großmann, der Urheber der Großmann-Methode,

149

mit dem Thema »Bedürfnisbefriedigung« beschäftigte. Auch er erkannte, daß der Zweck eines Unternehmens darin besteht, die Bedürfnisse der Gemeinschaft zu befriedigen beziehungsweise befriedigen zu helfen. Also müssen sich Unternehmer und Führungskräfte – gerade in der mittelständischen Wirtschaft – intensiv mit diesem Thema befassen.«

Sie verführen zur Überschätzung der finanziellen Leistungsfähigkeit

Ziele
erreichen

Monika Paa hat sich nach der Teilnahme an den persönlichen und unternehmerischen HelfRecht-Planungstagen mit einer Kunst-Galerie in Hamburg selbständig gemacht. Mittlerweile hat sie zehn Mitarbeiterinnen und Mitarbeiter:
»Sie wissen, daß ich von Ihrem Leistungsangebot begeistert bin. Das sind keine leeren Worte, sonst hätte ich in den vergangenen Jahren nicht mehr als zehn Kolleginnen und Kollegen empfohlen, Ihre Planungstage zu besuchen.

Frage

Deshalb darf ich mir wohl erlauben, eine recht kritische Anmerkung zu machen: Sie verführen in Ihren Planungstagen dazu, »nach den Sternen zu greifen«. Das heißt, daß ich mir damals Ziele erarbeitet habe, von denen ich niemandem erzählen wollte, weil ich glaubte, ich würde sie doch nicht erreichen. Mittlerweile habe ich jedoch geschafft, was ich wollte und meine Eltern waren total verblüfft, als ich ihnen die Pläne auf den Tisch legte, die ich damals in Bad Alexandersbad anlegte.

Über das
Geschaffte
war die Umge-
bung verblüfft.

Aber nun mein Problem: Durch die großen Ziele wird man leichtsinnig, so daß ich heute finanzielle Schwierigkeiten habe. Ich habe soviel investiert, daß die Bank jetzt den Rückzieher macht. Wie lautet Ihr Rat zur Überwindung dieser Krise? «

Manfred Helfrecht: »Sie befinden sich in einer Management-Herausforderung, in der die Teilnahme an den HelfRecht-Management-Planungstagen richtig wäre.

Aber Sie können einiges auch ohne diesen Planungstage-Besuch sofort realisieren: Zwei Schwerpunkte sind nämlich für erfolgreiches, unternehmerisches Disponieren unverzichtbar:
1. eine Zielplanung, die menschliche Ideale anstrebt und
2. laufende Informationen über den aktuellen Stand der Unternehmens-Erfolge, um nicht zum Träumer zu werden und Unternehmer zu bleiben, der pragmatisch und sachbezogen entscheidet.

Betriebswirtschaftliche Zahlen regelmäßig auswerten

Betriebswirtschaftliche Daten müssen laufend kontrolliert werden, damit das Unternehmen nicht aus dem Ruder läuft.

Deshalb ist die laufende Kontrolle der betriebswirtschaftlichen Daten unverzichtbar. Welche Zahlen Sie täglich kennen müssen – vom Auftragseingang über die Logistik bis hin zu Umsätzen und Liquidität – das können nur Sie aufgrund Ihrer unternehmerischen Situation entscheiden. Zumindest brauchen Sie für Ihre erfolgswirksame, unternehmerische Entscheidungsfähigkeit jedoch sorgfältig erarbeitete Monatszahlen. Dazu gehören unter anderem auch Vergleiche über Ausfälle durch Krankheitstage in Ihrem Unternehmen im Vergleich mit dem Durchschnitt Ihrer Branche und den durchschnittlichen Zahlen der für Sie zuständigen gesetzlichen Ortskrankenkasse. Daraus können Sie nämlich nicht nur erkennen, ob Ihre Mitarbeiterinnen und Mitarbeiter krankheitsanfällig sind, sondern auch, mit welcher Motivation und Freude an der Arbeit sie in Ihrem Unternehmen tätig sind. Auch daraus ergeben sich Schlußfolgerungen für Ihr unternehmerisches Planen und Handeln.

Ziele erreichen

Ob Sie sich diese Zahlen unter anderem mit dem denkbar einfachsten System, dem Bogen »Finanzplanung« aus den Planungstagen, oder durch eine qualifizierte Mitarbeiterin oder einen Mitarbeiter per EDV erarbeiten (lassen) – das ist Ihre Entscheidung.

Auf das »Wie« kommt es auch an

Weit schwieriger ist es im kleinen mittelständischen Unternehmen manchmal schon, das »Wie« dieser Zahlenbeschaffung zu kennen.

Wenn Sie dafür schon ein funktionsfähiges Informationssystem haben, dann werden wir Ihnen kaum neue Anregungen geben können. Wenn nicht, lernen Sie in den HelfRecht-Management-Planungstagen eine bewährte Planungs- und Kontroll-Methode für betriebswirtschaftliche Zahlen kennen. Dieses System ist vor allem für kleine und mittelständische Unternehmen besonders geeignet; es nutzt aktuelle Erfahrungen der EDV-Branche und bringt zugleich das Know-how aus dem HelfRecht-System mit ein. Wenn die Zahlen Ihres Unternehmens »außer Haus«, also von einem Ihrer Berater und/oder Lieferanten erarbeitet werden, ist die Gefahr groß, daß Sie einen Berg von EDV-Ausdrucken erhalten und viel Zeit benötigen, die Unterlagen auszuwerten. Aber auch diese Auswertung ist mit relativ geringem Aufwand möglich, wenn Sie das Finanzplan-Formblatt aus den persönlichen und unternehme-

In den Management-Planungstagen wird unter anderem eine bewährte Methode zur Kontrolle betriebswirtschaftlicher Zahlen vermittelt.

Auch Außen-
stehende
können mit
dem einfachen
Formblatt des
HelfRecht-
Systems
arbeiten.

rischen Planungstagen einsetzen. Dazu legen Sie gemeinsam mit dem Zulieferer Ihrer Daten fest, über welche Zahlen Sie wöchentlich oder monatlich informiert sein wollen und welches Budget zu planen ist. So kann Ihr »Zahlen-Lieferant« die wichtigsten Daten auf dieses einfache Formblatt übertragen oder die Zahlen nach diesem System für Sie darstellen und Ihnen regelmäßig zur Information vorlegen.

Zur Kontrolle der betriebswirtschaftlichen Zahlen gehört selbstverständlich auch eine Budgetplanung; es gilt deshalb: Unternehmerischer Erfolg ist nur mit Finanz- und Budgetplanung sowie mit Kontrolle der realen Zahlen möglich.«

Mehr Gewinn durch planmäßiges Disponieren

4

Welchen Spielraum kann ich meinen Mitarbeitern lassen?

*W*alter Worlicek, Inhaber eines Unternehmens der Pharma-Industrie mit 380 Mitarbeitern in Wien:
»Sie wenden sich in Ihren Empfehlungen gegen die Stellenbeschreibung. Aber kann ich denn jeden tun lassen, was er will? Das führt doch zu Chaos und Anarchie im Unternehmen. Nur möglichst klare und unmißverständliche Vorgaben vermeiden diese Gefahren und nur so wird eine Gruppe von Menschen führ- und regierbar. In meinem Unternehmen gibt es nun schon seit drei Jahren rote Zahlen in der Bilanz. Ich führe das darauf zurück, daß die für die Stellenbeschreibung verantwortliche Abteilung im Unternehmen zu wenig detailliert und gründlich den Mitarbeitern vorschreibt, was zu tun und zu lassen ist.

Glauben Sie denn wirklich, daß wir ohne Stellenbeschreibungen wieder effizienter und ertragreich werden könnten? Das Leistungsprogramm und der Nutzen für den Kunden können nämlich nicht die Ursache für unsere Misere sein, wie uns Kundenbefragungen bestätigen. Der eigentliche Grund: Der Personalapparat ist schwerfällig und arbeitet unwirtschaftlich. Dadurch liegen die Kosten in unserem Unternehmen deutlich höher als bei unseren bedeutendsten Konkurrenten.«

*M*anfred Helfrecht: »Die große Kunst der Führung besteht darin, Gegensätze zu vereinen, die sich scheinbar ausschließen. Ich meine

156

damit: Zum einen braucht der Mensch für sein Handeln klare Vorgaben; zum anderen benötigen aber gerade die emotional engagierten, leistungsfähigen und leistungsbereiten Menschen viel persönlichen Entfaltungsspielraum, um Bestleistungen zu erbringen. Die besten, die kreativ denkenden und arbeitenden Mitarbeiterinnen und Mitarbeiter wollen möglichst viel selbst entscheiden und entsprechend viele Abläufe und Vorgänge nach ihren eigenen Vorstellungen entwickeln und realisieren. Aber ist das überhaupt möglich? Können wir einerseits Vorgaben machen und andererseits den Menschen im Unternehmen reichlich eigenen Entscheidungsspielraum gewähren?

Mehr Gewinn

Kreative Mitarbeiterinnen und Mitarbeiter wollen selbst entscheiden und ohne Vorgaben arbeiten.

Freiraum oder Vorgaben?

Erfahrungsgemäß wird in der Unternehmensführung immer eines dieser beiden Extreme bevorzugt, weil die wenigsten Führungskräfte es schaffen, beide Ansprüche in einem System zu erfüllen. Auch in der politischen Führung zeigt sich dies; Beispiele dafür sind:

1. Der totale, absolute Staat, der seinen Bürgern von der Wiege bis zur Bahre alles klar vorgibt, war noch im 20. Jahrhundert nicht selten. Erfahrungsgemäß sind solche Staaten aber nur militärisch stark, auf allen anderen Gebieten der Zivilisation und der Kultur sind sie im Vergleich zu freiheitlich-demokratischen Staaten jedoch rückständig.

Die Zeiten des Absolutismus sind vorbei.

2. Das andere Extrem ist die Disziplinlosigkeit, das ungeordnete Miteinander, Nebeneinander, Gegeneinander und Hintereinander. Dieses chaotische Agieren führt zu hohen Verlusten

im Leistungseinsatz. Außergewöhnliches wird in solchen menschlichen Organismen nicht mehr erreicht, weil die vorhandenen geistigen und körperlichen Kräfte keine klare Zielrichtung haben. Die Geschichte zeigt es: Viele Demokratien haben ein solches Chaos nicht überlebt.

Ordnung durch Hauptaufgabenlisten

Aber wieder zurück zu den unternehmerischen Konsequenzen aus diesen Erkenntnissen: Durch Hauptaufgabenlisten können den Mitarbeitern klare Aktionsfelder gegeben, Kompetenzen, Entscheidungsspielräume, Vertretungen und Prioritäten erfaßt werden. Solche Hauptaufgabenlisten bringen also die notwendige Ordnung ins Unternehmen; der Aktions- und Gestaltungsspielraum jeder Mitarbeiterin und jedes Mitarbeiters wird damit abgesteckt. Innerhalb dieser abgegrenzten Aufgabengebiete beschreibt jeder Mitarbeiter dann selbst, welchen Nutzen er dem Kunden und dem Unternehmen bietet und wie er dabei vorgeht. Der zuständige Chef wird durch Kopien dieser Aufgabenbeschreibungen informiert, so daß es bei ihm kein Informationsdefizit gibt.

Gerade die in unserer freiheitlichen Demokratie lebenden Menschen wurden dadurch motiviert; denn sie können ihre eigenen Ideen einbringen und ihren beruflichen Aktionen persönliche Vorstellungen und Initiativen aufprägen. So entsteht die gewünschte Eigeninitiative der Frauen und Männer im Unternehmen und als Summe daraus die Eigendynamik solcher Firmen.«

Mitarbeiterinnen und Mitarbeiter wünschen klare Aktionsfelder, Kompetenzen und Entscheidungsspielräume.

Es entsteht Eigendynamik, wenn eigene Ideen realisiert werden können.

Wie kann ich meine Mitarbeiter besser motivieren?

*D*r. *Heinrich Karmann*, Inhaber-Geschäftsführer eines Kraftfahrzeughandels und Werkstattbetriebes mit 300 Mitarbeitern in Hamburg:
»Wie erklären Sie sich die erheblichen Unterschiede im durchschnittlichen Krankenstand der Mitarbeiterinnen und Mitarbeiter in vergleichbaren mittelständischen Unternehmen?

Frage

Es ist in unserer Branche bekannt, daß durchschnittliche Krankheitsraten von über zwölf Prozent – vor allem in Ballungsgebieten – kaum zu unterschreiten sind. Andere Unternehmen, eher in ländlichen Gebieten angesiedelt, sprechen von etwa fünf Prozent durchschnittlichem Krankenstand. Daneben gibt es dann die seltenen »weißen Raben« unter meinen Kollegen, die über Jahre hinweg auf kaum mehr als zwei Prozent durchschnittliche Krankheitsrate bei ihren Mitarbeitern kommen.

Besteht ein Zusammenhang zwischen Krankenstand, Führungsstil und Betriebsklima in einem Unternehmen?

Nicht nur die volkswirtschaftliche Bedeutung dieser Zahlen bewegt mich, auch die Leistungsfähigkeit meines eigenen Unternehmens wird davon sehr wesentlich beeinflußt, denn in unserer Branche wird hart gekämpft. Wenn die gewohnten Wachstumsraten nicht mehr realisiert werden können und sogar Stagnation oder Umsatzrückgang ins Haus stehen, werden viele meiner Kollegen ihre Unternehmen schließen müssen oder werden durch Konkurs dazu gezwungen. Nur durch die Leistungsbereitschaft und Leistungsfähigkeit meiner Mitarbeiterinnen und Mitarbeiter können wir diesen Weg vermeiden. Bei den Preisen für unsere Leistungen haben wir kaum Spielraum, weil sie weitgehend durch den Hersteller des Markenproduktes, das wir vertreiben und dafür den Service bieten, festgelegt sind.«

*M*anfred Helfrecht: »Die Kunst des Führens und das wichtigste Talent des Unternehmers ist es, möglichst nie zu demotivieren und mit allem, was er tut und unterläßt, zu motivieren. Um diesen hohen Anspruch zu realisieren, ist es sinnvoll, die eigenen Tätigkeiten in Hauptaufgaben zu gliedern. Diese Unternehmer-Hauptaufgaben können etwa lauten:

1. Analyse der Chancen des Unternehmens, Entwicklung der Unternehmens-Zielpläne, Zielvereinbarung mit den Mitarbeitern;
2. Auswahl, Führung, Motivation und Training der Mitarbeiter;
3. Kontrolle der Zielerreichung;
4. Planung und Organisation;
5. Schaffung und Pflege wertvoller Kontakte.

Keine Aktivität aus einer dieser Hauptaufgaben darf Ihre menschliche Umwelt demotivieren. Und wenn Sie erfolgreich sind bei der Durchführung Ihrer unternehmerischen Hauptaktivitäten, wird sich für Sie zeigen: Ihre Mitarbeiterinnen und Mitarbeiter haben Freude an der Arbeit und das Vergnügen, sich gerne an ihrem Arbeitsplatz in Ihrem Unternehmen aufzuhalten.

Welchen Nutzen haben Ihre Mitarbeiter?

Mehr Gewinn

Um dies zu erreichen, sollten Sie zu jeder der fünf Unternehmer-Hauptaufgaben beschreiben, welchen Nutzen Sie – neben Ihren Kunden – auch Ihren Mitarbeitern bieten. Geben Sie ebenfalls an, wie Sie dabei vorgehen und welche Mittel sowie Maßnahmen Sie einsetzen, um erfolgreich zu handeln. Sodann sollten Sie zu jeder Hauptaufgabe auflisten, welche Ihrer Vorgehensweisen und der von Ihnen eingesetzten Mittel Ihre Mitarbeiterinnen und Mitarbeiter demotivieren oder motivieren könnten. So ergibt sich für Sie viel Rohmaterial für die Verbesserung Ihrer Motivationsfähigkeit.

Was motiviert, was demotiviert?

Auch wenn es nie ganz realisierbar ist, so habe ich doch stets dieses Ziel: Möglichst jede Mitarbeiterin, jeder Mitarbeiter sollte sich an seinem Arbeitsplatz ebenso gerne aufhalten wie zu Hause in der eigenen Wohnung. Ich wünsche mir, daß er oder sie ebenso gerne zur Arbeit ins Unternehmen geht wie auch nach Hause, um die Freizeit zu genießen.

Vielleicht hilft Ihnen folgendes Beispiel für die ideale Motivation: Die Menschen, die in Sportvereinen Mitglieder sind, opfern ihre Freizeit und oft Geld für ihren Verein und gehen gerne dahin. Und jeder weiß doch, daß im Verein Leistung erwartet wird.

Das ist das Ideal: Auch die Mitarbeiterinnen und Mitarbeiter Ihres Unternehmens sollten so gerne an ihre Aufgaben im Unternehmen herangehen wie die Sportfans in ihren Sportverein gehen. Wäre das nicht ein verlockendes Ziel für Sie?«

Fördern Sie den Sportgeist in Ihrem Unternehmen!

Was ist wichtiger: die fachliche Qualifikation oder der emotionale Aspekt?

*G*ottwald Heer ist ein 30jähriger Jungunternehmer mit ehrgeizigen Zielen. Er beschäftigt derzeit 45 Mitarbeiterinnen und Mitarbeiter in einem Schreinerei-Unternehmen. Sein unternehmerisches Lebensziel: eine Möbelfabrikation, die trotz Großserienfertigung auf individuelle Kundenwünsche eingeht:
»Zwei Probleme bewegen mich, die ich mittels Wieplan demnächst zur Lösung angehen werde.

1. Ich habe eine Schwester und einen Bruder, die im Unternehmen mitarbeiten. Statt dadurch besonders loyale Mitkämpfer zu haben – wir drei Geschwister hatten uns früher immer gut verstanden – gibt es fast täglich Probleme wegen unternehmerischer Entscheidungen. Obwohl beide prächtige Menschen sind, bremsen sie das Vorankommen unseres Unternehmens. Der Grund: Sie sind eher verwaltende Charaktere und denken nicht unternehmerisch-dynamisch.

Es gibt ständig Probleme mit den Geschwistern, die nicht unternehmerisch denken.

Sicher werde ich ab einer gewissen Größenordnung auch in der Verwaltung begabte Führungskräfte brauchen, aber bis dahin kann noch viel Zeit vergehen. Außerdem haben beide Geschwister ihr Erspartes investiert und sind Gesellschafter. Wenn es bei Entscheidungen hart auf hart geht, stehe ich mit einer Minderheitsbeteiligung ohne Entscheidungskompetenz meinen beiden Geschwistern gegenüber. Mehr Gewinn Zwar kann ich dann und wann einen von beiden für meine Vorstellungen gewinnen, aber nur mit oft tagelangem und sogar wochenlangem Taktieren, Abwägen und Versuchen, den jeweils anderen vom eigenen Vorhaben zu überzeugen.

2. Nach welchen Kriterien suche ich meine zukünftigen Führungskräfte aus? Damit meine ich nicht die fachlichen Kriterien; Zeugnisse kann ich lesen und auswerten. Ferner arbeite ich mit dem Arbeitsmittel des HelfRecht-Management-Systems, um Menschen gut beurteilen zu können.

Wer ist für mich die richtige Führungskraft?

Aber es gibt auch eine emotionale Komponente. Mein Vater hat früher über eine Einstellung mit den Aussagen »Den kann ich nicht riechen« oder »Der schmeckt mir« entschieden. Heute sagt man: »Die Chemie zwischen zwei Menschen muß stimmen«. Wie stelle ich das fest? Ist es überhaupt wichtig, darauf Rücksicht zu nehmen? Genügt es nicht, auf die fachliche Qualifikation zu achten?«

Manfred Helfrecht: »Ein im EG-Raum sehr erfolgreicher Unternehmer sagte mir schon vor zehn Jahren, daß für ihn die fachliche Qualifikation immer das Beurteilungskriterium mit der Priorität 2 sei. Bei fachlich gleich guten Bewerbern läßt er den zukünftigen Vorgesetzten nach emotional-intuitiven Gesichtspunkten entscheiden, weil die beiden miteinander arbeiten müssen. Wo man sich emotional nicht versteht, da geht soviel Kraft und Energie verloren, daß auch fachliche Qualitä-

Antwort

Nicht allein die fachliche Qualifikation entscheidet.

ten nur wenig zum Zuge kommen können. Dieser in der gesamten EG tätige Unternehmer sagte mir auch, daß er mit Seminaren, Fachliteratur und manchem Privatissimum die fachlichen Lücken seiner Mitarbeiterinnen und Mitarbeiter schließen läßt. Er sagt, daß es dafür Möglichkeiten gibt. Wenn aber die »Chemie« nicht stimmte, gäbe es keine andere Lösung als Trennung.

Die »Chemie« muß stimmen

Ein Unternehmer im Kraftfahrzeugzubehör-Handel mit mehreren Filialen und 50 Millionen DM Umsatz erzählte mir, er habe sich vor vier Jahren von seiner Schwester und seinem Schwager mit einer großen Abfindung getrennt. Schwester und Schwager seien damals der Meinung gewesen, daß sich in der Zukunft Mitarbeiterzahl und Umsatz je zur Hälfte zwischen den beiden Handels-häusern aufteilen würden.

Aber im ersten Jahr nach der Trennung sei schon ein Umsatzplus von 30 Prozent erzielt worden; im dritten Jahr nach der Trennung war die Abfindungssumme dann bereits verdient. Seine Frau, die Führungskräfte und er selbst hatten das Gefühl, eine schwere Last abgeworfen zu haben. Jeder fühle sich leicht, frei und um ein Vielfaches leistungsfähiger.

Interessant ist dazu, was mir vor kurzem ein sportlich interessierter Unternehmer erzählte. Der Trainer einer der erfolgreichsten amerikanischen Baseball-Mannschaften wurde gefragt, welche Techniken es denn seien, die seine Mannschaft soviel erfolgreicher als andere machten. Seine Antwort: »Es ist kein technischer Vorsprung. Wir

Trotz Unter-nehmens-teilung Um-satzzuwächse wie nie zuvor.

Die Mitglieder eines Teams müssen sich mögen.

beherrschen die gleichen Techniken wie die anderen. Mein Erfolgsrezept ist, daß in der Mannschaft einer den anderen mögen muß. Denn wenn zwei Menschen einander emotional zugeneigt sind, fallen ihnen in kritischen Situationen die für erfolgreiches Zusammenspiel notwendigen Techniken sehr viel schneller und besser ein, als wenn zwei einander unsympathische Spieler erst nachdenken müssen, was denn nun am besten zu tun sei. Das schnelle und überlegene Handeln entspringt nämlich dem Unterbewußtsein und nicht dem bewußten Nachdenken. Wer aber unbewußt schnell für den anderen einspringen oder mit ihm zusammenspielen will, muß ihn auch mögen. Gibt es jedoch Antipathien, spielt das Unterbewußtsein nicht mehr mit und die Reaktion dauert zu lange.«

Mehr Gewinn

Schnelles und überlegendes Handeln entspringt dem Unterbewußtsein.

Meine Erfahrung dazu: Im unternehmerischen Zusammenspiel innerhalb eines Teams herrschen die gleichen Gesetze!

Eine saubere Trennung

Es gibt in Deutschland eine erfolgreiche Marke, die mittlerweile auch im spanischen und italienischen Sprachraum mit ebenso großem Erfolg tätig ist. Der Gründer und Pionierunternehmer hatte zusammen mit seinem Bruder einen Handwerksbetrieb geerbt. Der Bruder war solider Handwerker und spürte schon sehr früh unternehmerische Talente; fast täglich gab es aber Probleme bei der Zusammenarbeit. Der unternehmerisch begabte Bruder machte deshalb einen Wieplan zur einvernehmlichen Teilung des Betriebes, den er seinem Bruder mit den Worten vorlegte: »Du kannst jene Hälfte wählen, die du willst, ich nehme dann die andere. Daran magst du sehen, daß ich

Die einvernehmliche Teilung eines Unternehmens führte zu ganz unterschiedlichen Ergebnissen.

165

mich ehrlich bemüht habe, gerecht das vorhandene Vermögen aufzuteilen.«

Es kam zur Teilung. Der eine Bruder ist solider Handwerksmeister geblieben und hat mit etwa 10 Mitarbeitern auf seine Art auch Erfolg. Der andere dagegen hat eine überregional erfolgreiche Marke aufgebaut. Die beiden hätten sich auch bis an ihr Lebensende täglich bekämpfen können; möglicherweise hätte zum Schluß ein Konkurs das Ende der unternehmerischen Aktivität der beiden sein können.

Jeder hat auf seine Art Erfolg.

Ich selbst hatte mir schon als junger Mann Gedanken gemacht, welche Möglichkeiten es gibt, die ideale menschliche Gemeinschaft aufzubauen. Ich dachte sogar daran, eventuell eine Insel zu kaufen und mit Menschen dorthin zu ziehen, die mir sympathisch wären und denen auch ich sympathisch sein müßte. Ich sah nämlich überall, wie sich Menschen, die sich emotional nicht zugeneigt sind oder sogar Aversionen gegeneinander haben, das Leben schwermachen und gegenseitig den Erfolg behindern.

Die ideale Gemeinschaft ist nicht realisierbar.

Ich habe auch kleine und größere Staaten geprüft und gesehen, daß es in keinem die ideale Gemeinschaft gibt, weil auch Politiker mit der Polarität der menschlichen Qualitäten zurechtkommen müssen. Früher gab es zwar für die Führung eines Staates noch die Möglichkeit, Menschen des Landes zu verweisen oder zu deportieren, die der gewünschten Qualität nicht entsprachen – aber diese Zeit ist vorbei. Jedes Land muß heute mit der Qualität seiner Bürger zurechtkommen.

166

Freiraum als Unternehmer

Nachdem ich lange geprüft hatte, welche Möglichkeiten es denn gäbe, wurde mir bewußt, Unternehmer zu werden. In einer freiheitlichen Demokratie mit freiheitlicher Wirtschaftsordnung ist ein Unternehmen nämlich die einzige Organisation, die sich von Menschen trennen kann, die nicht gut in die Gruppe passen. Und das lockte mich sehr – neben meinen materiellen Interessen. Gutes Geld hätte ich zwar auch anderweitig verdienen können, aber mir die ideale Gemeinschaft zu schaffen, war nur in einem selbst gegründeten Unternehmen möglich.

Wohin es führt, wenn diese unternehmerische Freiheit nicht gegeben ist, haben wir gerade in den 80er Jahren in den »sozialistischen« Staaten erlebt. Dort hatte man seinen Bürgern das vermeintliche Leid einer Entlassung erspart. Dadurch kam es zu Unproduktivität mit der Folge, daß selbst beste und leistungsfähige Kräfte in einem Unternehmen nicht mehr Kaufkraft zur Verfügung hatten, als ein Fürsorgeempfänger bei uns.

Staaten, die Unternehmern keine Freiheit gewähren, leiden unter extremer Unproduktivität.

Mit anderen Worten: Ein Unternehmen wird besonders schlagkräftig, wenn sich ein Leistungsteam nach eigenen Wünschen und Bedürfnissen zusammenfinden kann.

Ein Problem besteht jedoch: Es gibt keinen absolut zuverlässigen Test, ob zwei Menschen emotional zueinander passen. Der rein emotionalintuitive erste Eindruck ist zwar recht zuverlässig, aber doch nicht absolut sicher. Und hier beginnt das unternehmerische Risiko mit der Folge, daß Sie bei aller sozialen Verantwortungsbereitschaft

Trennungsentscheidungen letztlich nicht vermeiden können. Wenn Sie die Qualität des Teams und damit die Existenzsicherheit des Unternehmens sowie eine leistungsfrohe Stimmung in Ihrer Mitarbeiterschaft hochhalten und zeigen wollen, bleibt Ihnen nur der Weg des sorgfältigen Auswählens. Und bei unvermeidlichen Auswahl-Fehlentscheidungen müssen Sie dann eben eine faire, rechtzeitig vorher mit dem Betroffenen besprochene Trennung in die Wege leiten. Dazu bedarf es aber auch zweier vernünftiger Menschen.

Eine solche Idealsituation bei einer unumgänglichen Trennung ist auf jeden Fall anzustreben. Ist dies nicht möglich, so bleibt der Mitarbeiter dennoch vollwertiger Partner, etwa auch in allen Besprechungsrunden, bis es zu einem Trennungsgespräch kommt. Auf keinen Fall sollte dem Mitarbeiter scheibchenweise das Vertrauen entzogen werden.

Ein Unternehmen ist von seinen Führungskräften abhängig

Interne Führungskämpfe sind zerstörerisch für ein Unternehmen.

Nichts ist für ein Unternehmen selbstzerstörerischer als ein gehässiger Kampf zwischen Führungskräften. Davon gehen Stimmungsviren aus, die auch das allerbeste Leistungsteam in ziemlich kurzer Zeit in seiner Erfolgsfähigkeit sehr stark schwächen können. Meine Erfahrung ist, daß aus diesem Grund viele Unternehmen nur das Existenzminimum verdienen. Auch Konkurse werden in den meisten Fällen auf solche Führungskriege zurückgeführt.

Nicht selten auch gibt es einen Generationenkonflikt. Einer von Deutschlands erfolgreichen

Unternehmensmaklern, Dr. Carl Zimmerer, bezeichnete das in einem seiner Vorträge mit: »Kampf auf Leben und Tod. Da gibt es keinen Friedensschluß, bis einer von beiden an Herzinfarkt, Krebs oder einer anderen Krankheit stirbt«.

Ist das nicht schrecklich? Die Schaffensstimmung in einem Unternehmen ist das wichtigste Betriebskapital. Wo diese Art von Betriebskapital fehlt, hilft einem Betrieb keine noch so kräftige Kapitalzufuhr. Und wenn es sie gibt, ist dieses Geld schnell wieder verwirtschaftet, wenn die Harmonie in der Führung sowie zwischen Führung und Mitarbeiterinnen und Mitarbeitern nicht stimmt.

Dr. Carl Zimmerer, der Gründer der Interfinanz in Düsseldorf, sagte außerdem in einem seiner Vorträge: »Wenn wir den Wert eines Unternehmens ermitteln müssen, so sind die wichtigsten Informationen nicht in den Bilanzen zu finden. Ein Unternehmen kann in der Bilanz materiell ganz gut dastehen; wenn der Kampfgeist der Mitarbeiterschaft von der Führung jedoch zerstört wurde, dann kann der Erwerber ein solches Unternehmen kaum mit Erfolg führen. Wenn aber die Leistungsbereitschaft und Leistungsfähigkeit der vorhandenen Führung und Mitarbeiterinnen und Mitarbeiter gegeben sind, kann ein Unternehmen durchaus unterkapitalisiert sein. Damit kann ein Erwerber jedoch Erfolg haben.«

Die wichtigsten Informationen über ein Unternehmen sind nicht in den Bilanzen zu finden.

Den Kampfgeist stärken!

Wir fragten nach einem Vortrag Dr. Carl Zimmerer, wie er denn den Kampfgeist der Mitarbeiterschaft erkennen könne. Seine Antwort: »Das sehe ich schon beim Portier. Der eine empfängt mich launisch und abweisend und verbreitet Mißstimmung. Der andere empfängt mich freundlich und liebenswürdig. Er hilft mir, einen guten Parkplatz zu finden und unterstützt mich, auf dem schnellsten und einfachsten Weg zu meinem Gesprächspartner zu kommen. Und wenn ich warten muß, macht er mir diese Zeit so annehmlich wie möglich. Denn der Geist, der in einem Unternehmen herrscht, durchdringt alle Mitarbeiter. Jene Frauen und Männer, die jedoch aufgrund ihrer Persönlichkeitsstruktur zu einem positiven Kampfgeist für das Unternehmen nicht fähig sind, verlassen einen solchen Betrieb früher oder später – entweder aus eigener Entscheidung oder weil ihnen gekündigt werden mußte.«

Schon beim Portier zeigt sich der Geist des Hauses.

Man muß sich gegenseitig mögen

Eine Persönlichkeit wie Dr. Carl Zimmerer, die sich ein Leben lang mit Firmen befaßt hat, die so erfolgreich sind, daß sie andere aufkaufen können und mit anderen Firmen, die – aus welchen Gründen auch immer – verkauft werden, hat in beide Bereiche Einblick: in dynamisch wachsende Unternehmen und in solche, in denen keine eigene Lebens- oder Überlebenskraft mehr steckt. Wenn er lapidar sagt: »Das sehe ich schon am Portier«, dann ist das eine Aussage, mit der sich jeder Unternehmer auseinandersetzen sollte.

Eines kommt hinzu: Auch die Arbeitsmethodik muß neben dem Sich-emotional-zugeneigt-Sein stimmen. Unmethodisches Arbeiten bringt soviel Sand ins Getriebe, daß es dauernd verstimmend knirscht. Die Methoden des Zusammenarbeitens, der Kreativität und der Produktivität müssen dem Menschen zur Selbstverwirklichung,

Auch die Arbeitsmethodik muß zur Selbstentfaltung der Menschen beitragen.

zur Entfaltung seiner körperlichen, geistigen und psychischen Kräfte verhelfen, statt diese Entfaltung zu behindern.

Zu einer guten Führungsmethodik gehört auch das Loben und Anerkennen der Leistungen der Frauen und Männer im Unternehmen. Eine methodische Hilfe hat sich dazu ein Unternehmer ausgedacht – er berichtete mir vor kurzem darüber. Und zwar steckt er an jedem Morgen in seine rechte Hosentasche zehn Pfennigstücke. Jedesmal, wenn er ein Lob, eine Anerkennung oder eine Wertschätzung ausspricht, wechselt dann ein Pfennig von der rechten in die linke Hosentasche. Am Abend freut er sich sehr, wenn möglichst viele Pfennige in der linken Tasche zu finden sind. Er sagte mir dazu: »Es ist wirklich verrückt. Im Laufe manchen Arbeitstages erlebt man zigmal, wie der Erfolg im Unternehmen durch die Leistung einer Frau oder eines Mannes deutlich gefördert wurde. Man empfindet das, aber die entsprechenden Worte zu formulieren und auszusprechen, wird meist unterlassen und man wendet sich der nächsten Aufgabe oder Beobachtung zu. Dabei wird das Selbstwertgefühl überhaupt nicht gestärkt, wenn ich Respekt, Dank oder Anerkennung nur empfinde und nicht ausspreche. Es entspricht fast dem Zurückhalten des für die Existenz so notwendigen Geldlohnes, wenn man den geistigen Lohn zurückhält. Ich meine, ein solches Verhalten ist sogar noch schlimmer; das Gehalt ist per Vertrag gesichert, aber die notwendige Anerkennung für das seelische Gleichgewicht sichert kein Vertrag. Gerade daraus jedoch entstehen Kreativität und Einsatzfreude für den Unternehmenserfolg.«

Für Ihre Entscheidungen bei der Führungs-
kräfte-Auswahl ist aber noch ein Gesichtspunkt
von allergrößter Bedeutung: Jede Persönlichkeit
hat Begabungsstärken und -schwächen. Deshalb
wissen Erfolgsunternehmerinnen und -unterneh-
mer zuerst einmal genau, wo ihre eigenen Stärken
und Schwächen liegen. Daraus entwickeln sie die
notwendigen Begabungsprofile ihrer Führungskräfte. *(Abbildungen 9, 10, 11)*

*Abbildung 9:
Die Partner
A und B er-
gänzen sich
durch ihre
Begabungen.*

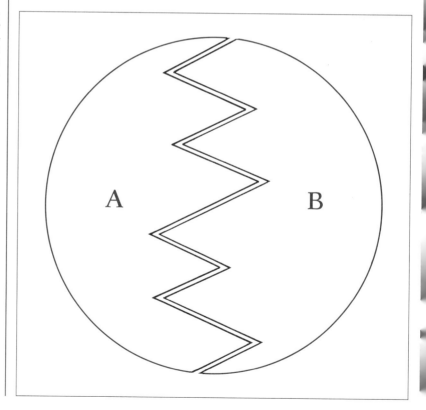

172

Dazu zitiere ich Gustav Großmann, den Urheber der Großmann-Methode:

Mehr Gewinn

Mit Menschen arbeiten

»Kein persönlicher Erfolg kann heute ohne Zusammenarbeit mit anderen erzielt werden. Der Erfolg des Angestellten hängt mit von seinen Hilfskräften ab, von den Kollegen, die ihm gleichgestellt sind, und von seinem Vorgesetzten.

Ohne Teamarbeit kein Erfolg!

Der Erfolg des Selbständigen hängt ab von den Mitarbeiterinnen und Mitarbeitern, mit denen er arbeitet, von dem Verhalten seiner Kunden, von den Behörden, von der Bank und von den Men-

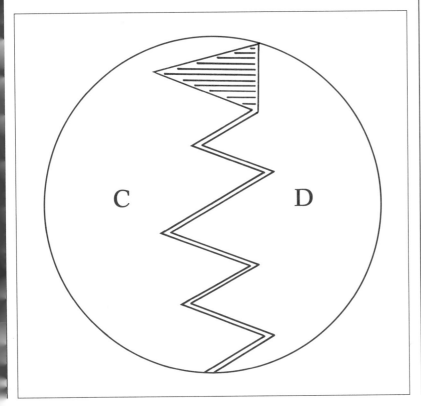

Abbildung 10: Hier gibt es eine Begabungslücke, die weder vom Partner C, noch vom Partner D abgedeckt wird. Es besteht die Gefahr von Mißerfolg.

173

schen, die für sein seelisches Wohlbefinden ausschlaggebend sind.

Überall treffen wir bei der Bemühung zur Verwirklichung unserer Absichten auf Menschen, von denen es abhängt, ob wir unsere Ziele erreichen oder nicht. Und es kommt darauf an, zu erreichen, daß sie nicht gegen, sondern für uns Stellung nehmen, daß sie mit uns arbeiten, daß sie uns fördern.

Es hängt wesentlich von uns ab, ob die Partner sich für oder gegen uns entscheiden. Jeder Erfolg ist ein indirekter Erfolg. So ist die Kunst, mit

Abbildung 11: Das Begabungsprofil des Teamleiters A bestimmt die Begabungsanforderungen an die Mitarbeiter B, C, D und E.

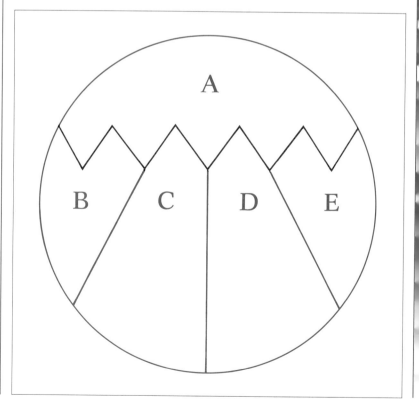

Menschen erfolgreich zu arbeiten, für viele der Erfolgsfaktor, der den Ausschlag gibt.«

Mehr Gewinn

Christiana Ament-Rambow hat in ihrer Darstellung der Arbeitsmethodik des ersten Bundeskanzlers der Bundesrepublik Deutschland, Dr. Konrad Adenauer, in der HelfRecht-Zeitschrift »methodik« geschrieben: »Adenauer hielt es für die Pflicht eines Politikers, sich selbst zu beobachten und zu kontrollieren. Er besaß die Fähigkeit, sich selbst distanziert, fast wie einen Fremden, von außen zu betrachten. Diese Fähigkeit der Selbstkenntnis und der Selbsterkenntnis ist wohl die wichtigste Säule seiner Menschenkenntnis.

Selbstkenntnis ist eine der Grundlagen für Menschenkenntnis.

Man sagt dem damaligen Bundeskanzler nach, er habe eine »Antenne« für die Menschen gehabt. Diese Antenne gründete sich auf sein psychologisches Einfühlungsvermögen, dessen Grundlage die Analyse seiner eigenen Persönlichkeit war. Das wichtigste im Leben Konrad Adenauers war der Mensch. Im Mittelpunkt seiner Handlungen stand stets die Frage, welchen Nutzen sie für die Menschen haben.«

Wieso aber konnte Adenauer aus seiner Selbstkenntnis und Selbsterkenntnis seine Menschenkenntnis erlangen? Alles, was er sich selbst von Menschen erwünschte und erhoffte, ebenso aber, was er unbedingt nicht erleben wollte, gab ihm Hinweise darauf, was sinngemäß auch andere von ihm erwarteten. Und das war seine Kunst!

Was wir von anderen erwarten, erwarten diese auch von uns.

Dazu ein Tip, den Sie in einer Stunde ungestörter Muße realisieren sollten:

Legen Sie sich zwei Listen an. Beschreiben Sie auf einer Liste, welche Merkmale und Handlungsweisen Sie an Ihren Partnern und an den Menschen schätzen, mit denen Sie gerne zusammenarbeiten. Auf dem zweiten Blatt listen Sie auf, was Sie möglichst nicht in Ihren Kontakten mit Partnern und Mitmenschen erleben wollen. Das ist für Sie dann zugleich eine klare Beschreibung dessen, was Ihre Umwelt sich von Ihnen wünscht und erhofft.

Es ist selbstverständlich, daß Sie solche Werte nur Menschen bieten können, die Ihnen für Ihr Gedeihen und für Ihren persönlichen Erfolg eindeutig meßbaren Nutzen bieten. Alles andere wäre ein »Perlen-vor-die-Säue-Werfen« oder »auf-felsigen-Boden-Säen«, wie Christus sich ausdrückte. Meinen Sie, diese Denkweise wäre zu materialistisch oder zu egoistisch?

In Partner von Wert investieren

Wir sollten
auch den Mut
haben, nicht
mehr in
Partner zu
investieren,
die nicht zu
unseren Zielen
beitragen.

Ich zitiere noch eine Persönlichkeit, die über jeder Kritik steht, materialistisch oder egozentrisch gedacht zu haben: Clemens Brentano, Bruder der Bettina von Arnim, ein deutscher Dichter der Hochromantik: »Sei stolz und lasse deine Einsamkeit dich nicht verführen, deine Zeit an Menschen zu verlieren, von denen du nichts gewinnst.«

Partner von Wert sind immer Menschen, die in uns die positiven Saiten zum Klingen bringen, die unsere Werte wecken. Gewiß: Solche Partnerwirkungen sind stets subjektiv. Wer für den einen ein wertvoller Partner ist, kann für jemand anderen diesen Wert möglicherweise nicht besitzen. Die Beurteilung solcher Partnerwerte kann nur aus der Erfahrung erfolgen – oder wie Christus es

176

ausdrückte: »An ihren Früchten werdet ihr sie erkennen.« Sicher wird Ihnen ein Mensch niemals Freund und Partner von Wert sein können, der Ihre negativen Anlagen zur Wirkung bringt. Dafür gibt es aber keine objektiven Beurteilungskriterien; Ihre persönlichen subjektiven Erfahrungen sind vielmehr der einzige Wertmaßstab für solche Partnerqualitäten.

Mehr Gewinn

Ein weiteres Zitat aus Gustav Großmanns nicht veröffentlichten Texten: »Nutzen bieten, fördern, Freude bereiten! Einem Menschen helfen oder ihn fördern, das setzt voraus, daß der zu Fördernde bereits an einer Aufgabe von Wert arbeitet, daß die Aufgabe förderungswürdig ist, daß er mit dieser Aufgabe beachtlichen Nutzen bieten kann, daß er somit förderungswürdig ist.

Menschen besonders fördern, die an Aufgaben von Wert arbeiten.

Wer die Förderung nicht oder schlecht verwertet, der demonstriert dem Fördernden, daß er der Förderung unwürdig war.«

Das Danken ist eine Kunst

Zum Umgang mit Freunden gehört die Kunst des Dankens. Wenn es aber schon als »Kunst« bezeichnet wird, darf es sicher nicht rein zufällig oder nur aus Höflichkeit betrieben werden.

Aber wie ist es in der Realität? Wird das Danken nicht zu oft als oberflächliches Kontaktpflegemittel gesehen? Bedanken wir uns nicht für eine Unzahl von Kleinigkeiten, etwa für das Offenhalten einer Tür? Ist das Danken dadurch nicht recht »abgegriffen«? Mit anderen Worten: Die Aussichten, langfristig wertvoll mit dem Wort »Danke« zu kommunizieren, sind gering, wenn wir das Danken nicht planvoll angehen.

Kapitel 4

Zu wem
streben wir
einen guten
und langfristi-
gen Kontakt
an?

Deshalb folgende Tips dazu: Nehmen Sie ein Blatt Papier (vielleicht einen AM2-Notizzettel für Ihr Zeitplanbuch), auf dem Sie alle jene Personen auflisten, zu denen Sie sich einen guten, langfristigen Kontakt wünschen, und die Sie motivieren wollen, Ihnen geneigt zu sein.

Wer soll Ihnen geneigt sein?

Schöpfen Sie zunächst die Möglichkeiten aus, die Ihnen die Auflistung von einzelnen Namen bietet. Denn es hat etliche Nachteile, wenn Sie Gruppen statt Individuen benennen: Für eine anonyme Gruppe kann nicht so gut und wirksam geplant werden wie für einen individuellen zwischenmenschlichen Kontakt.

Wenn Ihre Liste nun mehrere Namen enthält, sollten Sie Prioritäten setzen: Mit »1« kennzeichnen Sie auf Ihrer Liste jene Menschen, die höchste Bedeutung für Sie haben. Die »2« weist auf Personen hin, die Ihnen in zweiter Linie von Wert sind. Und mit »3« kennzeichnen Sie diejenigen Menschen, bei denen Sie es notfalls dem Zufall überlassen wollen, ob Ihnen ein guter Dank gelingt. Haben Sie diese Arbeit erledigt, legen Sie für jeden Namen mit der Priorität »1« ein eigenes Blatt an – wiederum möglichst in Ihrem Zeitplanbuch. Ihren Bedürfnissen entsprechend können Sie aber auch eine andere Ablage- und Archivierungsmöglichkeit wählen. Jedenfalls sammeln Sie auf diesen Blättern alles, was Ihnen einfällt, um diesem Partner nützlich sein zu können. Dazu gehört auch, herauszufinden, welcher Art seine Probleme sind und wo er Schwierigkeiten hat.

Ein weiterer Hinweis: Um Ihre Kreativität und Ihren Ideenfluß anzuregen, legen Sie zumindest ein AM2-Notizblatt für Ihr Zeitplanbuch mit den Namen an, die Sie mit der Priorität »1« gekennzeichnet haben. Im nächsten Schritt können Sie Wieplanskizzen für den Umgang mit den Menschen anlegen, die Ihnen besonders wichtig sind – in sehr seltenen Fällen kann auch ein Wieplan erforderlich sein.

Mehr Gewinn

Die Kontaktpflege zu besonders wichtigen Personen sollte geplant werden.

In diesem Zusammenhang gilt das Goethe-Wort: »Der isolierte Mensch kommt nicht ans Ziel.« Welche Bedeutung dieser Gedanke hat, können Sie leicht feststellen: Wäre Ihnen ein gedeihliches Leben ohne Partnerleistungen möglich?

Die besten Leistungen für uns kommen also von den Menschen, die uns geneigt sind und das Bedürfnis empfinden, uns zu fördern. Wir wissen beispielsweise aus der Psychologie, daß schon der Friseur trotz gleichen Zeitaufwandes und gleicher Entlohnung intuitiv besser arbeitet, wenn er einen Kunden bedient, der ihm sympathisch und der ihm geneigt ist. Und ganz sicher ist: Die Menschen, deren Gedeihen wir deutlich positiv beeinflußt haben, werden uns wertschätzen und Zuneigung für uns empfinden.

Wen wir fördern, der wird uns auch fördern.

»Danke« allein reicht nicht

Die Höflichkeitsfloskel »Dankeschön« erweckt kaum den Wunsch, uns zu fördern. Schriftlich erarbeitete und durchdachte Mittel und Maßnahmen können jedoch beim Partner sehr intensiv darauf hinwirken, in ihm das Bedürfnis zu wecken, uns nützlich zu sein und die angenehme

Kapitel 4

Ehrliche
Dankbarkeit
bewirkt mehr,
als wir uns
manchmal vor-
stellen.

Wirkung solcher Dankbarkeit wieder zu erleben. Damit setzen wir sehr häufig unterbewußte Funktionen in Bewegung, die mehr bewirken, als wir es uns manchmal vorstellen.

Sie sehen: Auch die Kunst des Dankens besteht aus einem Mosaik von Mitteln und Maßnahmen. Jedes Teil muß gefunden, beschafft und zur richtigen Zeit am richtigen Ort eingesetzt werden. Dann wird daraus ein Erfolg – auch für Sie, für jeden, der sich entscheidet, methodisch vorzugehen.

Selbst der Fußball-Bundestrainer könnte mit einer Schülerelf wenig ausrichten, Flugzeugführer müssen sich auf die Leute von der Flugsicherung verlassen und bei einem Spitzenteam von Herzoperateuren darf kein Mann »aus dem zweiten Glied« dabeisein. Auch Könner brauchen optimale Partner, um Überdurchschnittliches leisten zu können.

Partnerwahl im privaten, persönlichen wie im beruflichen Bereich wird heute noch meist wirklichkeitsfremd betrieben. Schulzeugnisse erwekken beispielsweise den Eindruck, als gäbe es Menschen, die auf keinem Gebiet schlecht begabt sind und es nur eine Frage des Fleißes wäre, ob ein intelligenter Mensch auf allen Gebieten gute Leistungen erreichen könnte. Dagegen wissen wir seit langem, daß es keine Universalgenies gibt, sondern nur mehr oder weniger ausgeprägte Spezialbegabungen. Menschen, die auf einigen Gebieten besonders begabt sind, versagen oft in anderen Bereichen weitgehend. Die moderne Psychologie lehnt deshalb auch den generellen Begriff »Intelligenz« überhaupt ab und spricht nur von »intellektuellen Begabungen«.

Oft können Menschen, die eine hervorragende Spezialbegabung besitzen, keinen Erfolg erringen. Vor allem, weil sie es nicht verstehen, ihre Umwelt für ihre Leistungen zu interessieren: Sie können ihre Leistungen nicht gut »verkaufen«. So liegen oft wertvolle Kräfte brach – auch zum Nachteil der Gesellschaft. Viele vermögen jedenfalls ihre Begabung nicht oder nicht optimal einzusetzen oder zu verwerten.

Mehr Gewinn

Wir müssen in der Lage sein, unsere Leistungen auch »verkaufen« zu können.

Ein besonders krasses Beispiel stellt in der jüngeren Geschichte der Arzt Semmelweis dar, der Entdecker der Ursache des Kindbettfiebers. Mit seinen Erkenntnissen gehört er zweifellos zu den größten Wohltätern der Menschheit. Nachdem Semmelweis das Problem (Kontaktinfektion durch den Geburtshelfer) erkannt hatte und ihm durch eigene Erfahrungen bestätigt wurde, daß kaum eine Mutter am Kindbettfieber sterben müsse, begann er seine Entdeckung zu publizieren.

Hiermit begab er sich jedoch auf ein Gebiet, für das er keine ausreichende Begabung besaß und reizte durch seine Darstellungsart und sein Auftreten seine Kollegen so sehr, daß sie ihn mit allen – auch unfairen – Mitteln bekämpften. So verursachte er durch sein eigenes Verhalten die zunächst recht zurückhaltende Aufnahme und spärliche Anwendung seiner Erkenntnisse, was Millionen von Müttern das Leben kostete. Dabei hätte Semmelweis mit seiner Erkenntnis einer der erfolgreichsten Ärzte sein können; er starb jedoch verarmt und enttäuscht.

Mißerfolg trotz richtiger und weitreichender Erkenntnisse.

Was ist mir gelungen – was nicht?

Ein Hinweis deshalb für Sie: Halten Sie skizzenhaft fest, wo Ihre Stärken und Schwächen liegen und versuchen Sie, dieses Bild durch Ihre Erfahrungen mit sich selbst zu vervollständigen. Was gelang Ihnen bisher gut, was nicht und weshalb?

Wir brauchen die arbeitsteilige Gemeinschaft.

Um es noch einmal zu betonen: Der Mensch kann nur in einer arbeitsteiligen Gemeinschaft seinen bestmöglichen Lebenserfolg finden. Je mehr er für diese Gemeinschaft leistet – in erster Linie für seine engsten Partner – um so eher wird er die Gegenleistungen erhalten, die er sich wünscht.

Bei den Olympischen Spielen wird das Wesen der Spezialbegabung sehr deutlich. Goldmedaillengewinner in mehreren Spezialdisziplinen sind deshalb auch selten.

Wer seinen Partner nicht mag, kann selbst kein guter Partner sein.

Für die berufliche Partnerschaft gilt sinngemäß das gleiche: Wer in seinem Chef einen widerlichen Menschen sieht, dessen Unterbewußtsein sperrt sich dagegen, hervorragende Leistungen für das Unternehmen zu erbringen. Wer seinen Partner nicht mag, kann selbst kein guter Partner sein. Berufliche »Vernunftehen« zwischen Menschen, die sich unsympathisch sind, sind deshalb auf Mißerfolg programmiert. Denn die unterbewußten Widerstandskräfte erweisen sich auf die Dauer immer stärker als die Vernunftgründe.

Dieser Kampf »in uns selbst« verschleißt und bindet viel Kraft und Energie und schränkt dadurch die Erfolgsfähigkeit meist auf ein Minimum des Möglichen ein.

In meinem eigenen Leben mußte ich erfahren, wie ich zunächst trotz brauchbarer Erfindungen und guter Leistungen nicht recht vorankam. Als ich aber die richtigen Partner gefunden hatte, stieg meine Erfolgs-, Einkommens- und Vermögenskurve steil an – und das gleiche galt für meine Partner. Auch bei ihnen zeigte die Erfolgskurve deutlich nach oben.

Vor jedem Beginn einer Zusammenarbeit mit einzelnen oder einer Gemeinschaft (Unternehmen, Organisation, Vereinigung) sollten Sie deshalb prüfen, inwieweit diese sich als Partner für Sie eignen oder nicht. Die Feststellung, zum Partner nicht geeignet zu sein, stellt durchaus keine Abwertung des anderen oder dieser Gemeinschaft dar. Der gleiche Mensch oder die gleiche Gemeinschaft kann für einen anderen ein wesentlicher Erfolgsfaktor sein – wenn dessen Begabung anders liegt als meine.

Wer in einem Unternehmen keinen Erfolg hat, kann durchaus in einem anderen Betrieb zur Spitze aufsteigen.

Erfolgsverstärker und Erfolgsbremser

Bei jedem Weg zum Erfolg treffen wir immer wieder auf Menschen, die es in der Hand haben, uns voranzubringen oder uns zu bremsen. Deshalb müssen wir die »Erfolgsverstärker« von den »Erfolgsbremsern« zu unterscheiden lernen. Und wir müssen enger mit unseren »Erfolgspartnern« zusammenarbeiten sowie uns von »Mißerfolgspartnern« lösen und sie meiden.

Langfristig gibt es keinen anderen und besseren Weg, als unseren Idealpartnern methodisch solche Werte zu bieten, die sie suchen und brauchen; sie werden dann um so eher von sich aus uns bei der Erreichung unserer eigenen Ziele und Wünsche unterstützen.

183

Und nur auf diesem Weg bauen wir uns den Ruf auf, ein fairer, korrekter, zuverlässiger und sympathischer Partner zu sein.

Wenn dieser Ruf einmal steht, so verlaufen viele Partnerschaften viel leichter und reibungsloser – solange unser Verhalten weiterhin den hohen Erwartungen unserer Partner entspricht. Enttäuschen wir sie wiederholt, ist die Vertrauensbasis meist irreparabel zerstört.

Ob andere Menschen sich für oder gegen unsere Förderung entscheiden, hängt in erster Linie von unserem eigenen Verhalten ab. Der Erfolg liegt in unserer Hand; er ist nur in geringem Maße abhängig von Zufallsreaktionen unserer Partner.

Ihr Erfolg hängt also stark davon ab, wie gut oder wie schlecht es Ihnen gelingt, mit Menschen erfolgreich zusammenzuarbeiten. Auch für Ihren Lebenserfolg wird dies ausschlaggebend sein.

Sympathie und erster Eindruck sind ebenso von Bedeutung für Partnerbewertungen. Die Psychologie hat erkannt, daß der Mensch im Laufe der Evolution neben seinem Intellekt auch intuitive und sensitive Beurteilungsfähigkeiten entwikkelt hat. Das sind Fähigkeiten, die wir bewußt nicht erfassen können, sie aber dennoch in eine Bewertungsanalyse mit einbeziehen müssen, um diese möglichst wirksam zu gestalten.

Dazu Gustav Großmann: »Das Kennenlernen und Zum-Freund-Gewinnen eines einzigen wertvollen Menschen kann das Lebensschicksal entscheidend beeinflussen. So etwas läßt sich durch

184

nichts in der Welt ersetzen. Was einflußreiche Persönlichkeiten vermögen, wissen wir. Wir wissen aber auch, daß nur Persönlichkeiten beeinflussend wirken und das sogar, ohne solches zu beabsichtigen. Es gibt Aufgaben und Ziele, die nur von Persönlichkeiten und Kapazitäten verwirklicht werden können und nur durch Zusammenarbeit mit ihresgleichen. Die ideale Grundlage für die Freundschaft aber ist das gemeinsame Ziel! Das Ziel von einem absoluten Wert, und nur Menschen von Wert sind fähig, Freund zu sein.«

Mehr Gewinn

Die ideale Basis für Freundschaften: das gemeinsame Ziel.

Ein guter Partner werden und bleiben

Ich empfehle Ihnen für Ihre Partnerbewertungen folgende schriftliche Ausarbeitungen:

Welche persönlichen Stärken und Schwächen gibt es, welche Erfolge und Mißerfolge wurden verzeichnet?

1. Schreiben Sie eine Liste Ihrer bedeutendsten Mißerfolge.

2. Beschreiben Sie anschließend auf eigenen Blättern, welche persönlichen Begabungsschwächen Sie für sich daraus erkennen.

3. Schreiben Sie auch eine Liste Ihrer bedeutsamsten Erfolge.

4. Schreiben Sie anschließend auf eigenen Blättern, welche persönlichen Begabungsstärken Sie für sich daraus erkennen.

5. Beschreiben Sie nun auf einer Liste, welche Menschen für Ihre Erfolge von Bedeutung waren.

6. Welche Charaktermerkmale müssen Menschen haben, die für Sie gute Partner sein können?

Liste:
a) Ihr erster Eindruck von einem möglichen
   Partner muß gut sein.
b) Gegenseitige Sympathie ist notwendig.
c) ...
d) ...
e) ...
f) ...

7. Listen Sie auf, welche Partner Sie besonders
   pflegen wollen und (auf ein zweites Blatt)
   welche Personen Sie sich als neue Partner
   wünschen.

8. Legen Sie für jeden Namen der beiden Listen
   ein eigenes Blatt an und beschreiben Sie darauf:
   a) welche Aufgaben und Ziele dieser Mensch
      hat, welche Probleme und Schwierigkeiten
      ihn belasten;
   b) wie Sie ihm dazu bisher Nutzen geboten
      haben;
   c) welchen Nutzen Sie ihm in Zukunft dazu
      bieten werden.

   Diese Aufzeichnungen nehmen Sie dann zu
   Ihrem Jahreszielplan und gegebenenfalls auch
   zu Ihrer mittelfristigen Zielplanung für einen
   Zeitraum von fünf bis zehn Jahren.

9. Schreiben Sie als Resümee aus den Texten
   1. bis 8. auf, welche Art von Nutzen Sie generell
   Menschen bieten können, die für Sie von Wert
   sind. Welche besonderen Nutzenbietefähigkei-
   ten erkennen Sie für sich aus Ihren vorhergehenden Aufzeichnungen? «

Wie kann ich rund 1 000 Teilzeit-kräfte optimal steuern?

Mehr Gewinn

*K*arin Wohlmann, Geschäftsführerin eines Unternehmens für Gebäudereinigung in Berlin. Ihr großes Problem: Sie arbeitet fast nur mit Teilzeitkräften:

Frage

»Meine große Herausforderung besteht darin, mit etwa 1 000 Frauen und Männern als Mitarbeiterinnen und Mitarbeiter zurechtzukommen, die zum großen Teil nur als Teilzeitkräfte arbeiten. In den letzten Jahren konnte ich zumindest die unzuverlässigen Frauen und Männer auslesen, die Zeitvereinbarungen nicht einhielten. Ich habe sogar den Betrieb verkleinert, nur um mir mit der Unzuverlässigkeit solcher Menschen nicht die Zufriedenheit meiner Kunden zu verderben. Ganz abgesehen davon würde die Rendite des Unternehmens durch nicht eingehaltene Arbeitszeitzusagen erheblich geschmälert.

Durch Unzuverlässigkeit der Mitarbeiterinnen und Mitarbeiter werden Kunden vergrault.

Mein Problem bleibt aber das außergewöhnlich schwierige Disponieren. Wie splitte ich meine Aufträge auf rund 1 000 Frauen und Männer auf, die mir nur zeitweise zur Verfügung stehen? Dabei ist zusätzlich noch die unterschiedliche Qualifikation dieser Menschen zu berücksichtigen; nicht jeder kann für jede Arbeit und jeden Auftrag eingesetzt werden. Ich habe mir zwar ein eigenes System dafür entwickelt, im Erfahrungsaustausch mit Kollegen manches dazugelernt und mit Hilfe des Computers die Lage einigermaßen im Griff. Aber ich sehe deutlich, wieviel wirtschaftlicher das Ganze geführt werden könnte, welche Chancen für

Das selbstentwickelte Kontroll-Instrument reicht nicht mehr aus.

eine Vergrößerung des Unternehmens ich hätte und wie die Kundenzufriedenheit noch deutlich verbessert werden könnte. Wie kann ich das schaffen?«

*M*anfred Helfrecht: »Wettbewerber von Ihnen arbeiten mit großem Erfolg unter gleichen Bedingungen mit 3 000 und mehr Teilzeit- und Ganztagskräften. Allerdings reicht ihnen dazu ein einfaches Planungssystem mit Zeitplanbuch nicht mehr.

Komplexe Tätigkeiten aufsplitten

Ich empfehle Ihnen deshalb die Teilnahme an den persönlichen und unternehmerischen HelfRecht-Planungstagen. Für Ihre Gruppenleiter benötigen Sie eine Berufliche Situationsanalyse, aber auch für sich selbst und Ihre obere Führungsrunde. Das Aufsplitten der Aufträge nach den von Ihnen genannten Gesichtspunkten – erstens Qualifikation der Mitarbeiter und zweitens verfügbare Zeiten – wird Ihnen dann mit der Wieplanmethode wirtschaftlich möglich sein. Mit dieser Technik der Vorgehensplanung können Sie selbst nicht machbar oder nicht wirtschaftlich durchführbar erscheinende Herausforderungen in den Griff bekommen. Dazu gibt es auch ein PC-Programm, mit dessen Hilfe es sogar möglich ist, die kleinen einzelnen Schritte für alle Mitarbeiterinnen und Mitarbeiter auf Zettel im Zeitplanbuch-Format auszudrucken. So können Sie auch Teilzeitkräfte mit einem einfachen Zeitplaner in eine größere Gesamtaktivität eingliedern. Und fällt ein Mitarbeiter kurzfristig und unvorhergesehen aus, so drucken Sie dieselbe Arbeitsanleitung noch einmal aus und geben diese an die Ersatzkraft.

> Mit der Vorgehensplanung können selbst die komplexesten Aufgaben in realisierbare Teilschritte aufgegliedert werden.

Mit diesem System werden die unternehmerischen Wünsche und Ziele, die Sie aufgeführt
haben, machbar werden.«

⊞

Durch Motivation weniger Leistung?

L isa Harrer, Friseurmeisterin mit 35 Mitarbeitern, erzählte, welche großen Probleme sie bei Motivationsversuchen in ihrem Atelier bekam: Sie hatte sich vorgenommen, ihre Mitarbeiterinnen und Mitarbeiter öfter zu loben und ihnen Dank und Anerkennung auszusprechen. Das Ergebnis: Bei einigen ihrer Damen und Herren mußte sie deutlich schlechtere Leistungen feststellen. Sie fragte sich, ob der Grund dafür wohl in der Mentalität der Menschen in ihrer saarländischen Heimat liegen könne.

M anfred Helfrecht: »Ich berichtete aus meinen Erfahrungen und aus Gesprächen mit Führungspersönlichkeiten: Das ist keine spezielle Mentalität der Menschen Ihrer Heimat. Nach meinen Erfahrungen steckt vielmehr eine Gesetzmäßigkeit dahinter, mit der jede Führungskraft in jedem Land konfrontiert ist.

Dank und Undank wecken die meisten Emotionen

Was die Menschen noch mehr bewegt als Geld, sind Dank und Undank, woraus die meisten Emotionen und menschlichen Aufregungen entstehen. So wichtig das Danken und Anerkennen ist, um Menschen zu Bestleistungen zu motivieren, so problematisch kann es manchmal sein. Das ist wohl auch der Grund dafür, warum so viele Führungskräfte Anerkennung und Dankbarkeit zwar innerlich empfinden, sie aber ihren Mitarbeiterinnen und Mitarbeitern gegenüber nicht zum Ausdruck bringen. Es gibt sogar einige Grundvoraussetzungen, damit das Danken richtig gelingt:

Mehr Gewinn

1. Dank und Anerkennung müssen wahr sein; es muß ein konkreter Fall vorliegen, der Anlaß für die anerkennenden und die dankenden Worte ist. Wenn Sie taktisch loben ohne konkreten Grund, weil Sie meinen, Sie könnten damit motivieren, spüren Ihre Mitarbeiterinnen und Mitarbeiter oder auch Ihre Lieferanten sehr wohl die plumpe Absicht – Sie erreichen das Gegenteil.

Ein ehrliches Lob muß auch einen konkreten Anlaß haben.

2. Mit Lob, Anerkennung und Dank gehen Sie ein Risiko ein. Mitarbeiter, die ihrem Chef den Erfolg neiden, kommen durch Lob und Anerkennung offensichtlich auf den Gedanken, daß sie bereits zuviel geleistet haben. Kurz gesagt: Schlechte werden schlechter und Gute werden durch ein Lob besser.

Für einen Menschen, der zu besonderen Leistungen in einem Team fähig ist, wirken Lob und Anerkennung konkreter guter Leistungen immer motivierend. Er will in Zukunft noch mehr beweisen, daß es reichlich Grund gibt, ihm dankbar zu sein und ihn wertzuschätzen. Bei solchen Menschen wirkt Dankbarkeit sehr stimulierend auf die Leistungsfreude.

Lob und Anerkennung können stimulierend wirken.

Das Risiko besteht also darin, daß Sie leistungsunlustige Mitarbeiter zu Minderleistungen motivieren, und es gibt die Chance, daß sie leistungsfreudige Mitarbeiter zu noch besseren Leistungen anspornen. Eine weitere Tatsache spielt zusätzlich eine Rolle: In jedem Team gibt es eine Tendenz – entweder es wird immer besser, so daß unqualifizierte Teammitglieder ausscheiden, weil sie sich nicht mehr wohlfühlen. Oder es gibt Teams, in denen Leistungszurückhaltung bis hin zur Leistungsverweigerung gepflegt werden. In einer solchen Runde fühlt sich dann ein Mensch, der sein Selbstwertgefühl aus seinen eigenen Bestleistungen bezieht, nicht mehr wohl. Er wird von den anderen nicht geschätzt und »ausgebissen«. In den meisten Fällen orientiert er sich selbst und sucht sich ein Team, in dem er seine Leistungen entfalten kann und in dem er geschätzt wird.

Wenn Sie also als Führungskraft Erfolg haben wollen, müssen Sie das beschriebene Risiko bewußt eingehen und sich darüber im klaren sein, daß es eine große Kunst ist, im richtigen Ausmaß Lob und Anerkennung auszusprechen. Aber es gilt auch: Diese Kunst richtig zu beherrschen, ist das Erfolgsgeheimnis vieler Führungspersönlichkeiten.

Eine Empfehlung dazu: Schreiben Sie jede konkrete, gut gelungene Leistung eines Ihrer Mitarbeiter oder Lieferanten auf einen AM2-Notizzettel. Dieses Blatt legen Sie in Ihrem Zeitplanbuch an eine Stelle, daß dieser Gedanke wieder auf Sie zukommt, wenn Sie den entsprechenden Menschen treffen. Beginnen Sie Ihr Gespräch mit einer Anerkennung dieser Leistung. Sie werden höchst positive Überraschungen erleben – ganz besonders, wenn zwischen der guten Leistung und Ihrer Anerkennung ein Zeitraum von Tagen oder Wochen liegt. Ihr Gesprächspartner ist zuerst einmal verblüfft, daß seine Einzelleistung Ihnen soviel bedeutete, daß Sie sich diese sogar aufgeschrieben

haben, um bei Gelegenheit Ihren Dank zum Ausdruck zu bringen. Damit motivieren Sie gute
Mitarbeiter oder Zulieferer zu Bestleistungen.«

Wie kann ich meine Mannschaft kreativer machen und mich entlasten?

Edelbert Aures ist Prokurist in einem Unternehmen, das sich vor allem durch Patente und Schutzrechte an die Branchenspitze gearbeitet hat. Es handelt sich um ein Ingenieurbüro, das komplette Produkte speziell für den Pkw-Markt konzipiert und durchplant – bis hin zu den dafür notwendigen Produktionseinrichtungen. Die Firma hat ihren Sitz im Raum Stuttgart:

»Vor drei Jahren war ich bei Ihnen in den Planungstagen. Damals war ich bei uns im Hause Konstrukteur ohne Führungsverantwortung. Mittlerweile bin ich Abteilungsleiter mit Prokura. Die persönlichen und unternehmerischen Planungstage in Bad Alexandersbad haben mir gezeigt, was in mir steckt. Vor allem habe ich damals meine Karriere durchgeplant. Wenn auch nicht alles wie geplant lief, so konnte ich dennoch den Großteil meiner Pläne realisieren. Jedenfalls hätte ich mir diesen Weg nicht zugetraut und in diesen wenigen Jahren schon gar nicht realisieren können, ohne planmäßig vorzugehen. Da ich bis jetzt lediglich erreichen konnte, daß unser Geschäftsführer ebenfalls die persönlichen und unternehmerischen Planungstage besuchte und wir das HelfRecht-Zeitplanbuch im Unternehmen eingeführt haben, finde ich keinen rechten Aufhänger, um auch die HelfRecht-Management-Planungstage in Bad Alexandersbad zu besuchen. Ich meine, unser Geschäftsführer hat dafür kein Verständnis. Zusätzlich möchte ich

194

nicht den Eindruck erwecken, daß ich ihn rechts Mehr Gewinn
überholen will oder gar auf seine Position speku-
liere, die mich gar nicht interessiert. Meine berufliche Erfüllung liegt vielmehr in der Forschung,
Entwicklung und in der Konstruktion – allerdings
mit möglichst großer Führungsverantwortung. Ich
bin ein Mensch mit vielen guten Ideen, es ist mir
aber zu mühselig, diese dann sorgfältig bis ins
Detail durchzuplanen. Das gebe ich gerne an Detailarbeiten
werden an Mit-
arbeiterinnen
und Mitarbei-
ter delegiert.
Mitarbeiterinnen und Mitarbeiter weiter, die für
eine solche Arbeit begabter sind als ich.

Aber dazu müßte ich meine Mannschaft mit
der HelfRecht-Vorgehensplanung ausrüsten.
Damit würde ich meinen Frauen und Männern viel
Freude machen, weil sich jeder damit noch besser
entfalten und selbst verwirklichen könnte. Ich
erhielte bessere kreative Leistungen und könnte
viel mehr Spielraum für eigene Gestaltungsvorstel-
lungen lassen.

Trotzdem wäre ich über die Kopien der Vorgehensplanungen meiner Mannschaft informiert
darüber, was geschieht und könnte eingreifen, um
etwas Positives beizutragen. Zusätzlich würde ich
entlastet und könnte ohne Zeitdruck mehr auf
meine kreative Ader setzen, was auch meinem
Erfolg im Unternehmen förderlich wäre. Bitte
geben Sie mir eine Hilfestellung, wie ich das auch
ohne Teilnahme an den HelfRecht-Management-
Planungstagen realisieren kann.«

Manfred Helfrecht: »Ich möchte nicht wieder- Antwort
holen, was Sie aus Ihren persönlichen und
unternehmerischen Planungstagen kennen.
Grundsätzlich ist es richtig, daß unser Gehirn in

seinem Denk- und Erfassungsvermögen nur relativ kleine Einheiten erfassen und bewerten kann. Aus Forschung, Entwicklung, Konstruktion und Navigation ebenso, wie aus der Betriebswirtschaft und der Volkswirtschaft gibt es viele Beispiele dafür, daß das menschliche Gehirn mit schriftlichen Denkmethoden sehr viel mehr geistig bewältigen kann als nur im Kopf. Sehen Sie das Speichervermögen des Gehirns als einen mehr oder weniger großen Behälter, für den es ganz klare Grenzen der aufzunehmenden Menge gibt. Alles, was darüber hinausgeht, kann der Bewußtseinsbehälter nicht mehr behalten. Erst wenn er in schriftliche Behälter entleert wird, kann die Kreativität des Unterbewußtseins wieder neue Gedankeninhalte (= Ideen) an das Bewußtsein zur Speicherung weitergeben. Für den Architekten ist das selbstverständlich: Statische Berechnungen für ein Bauwerk können im Kopf ebensowenig wie Baupläne und Detailplanungen durchgeführt werden. Das geht nur schriftlich. *(Abbildung 12)*

Schriftliches Denken ist höchst effizient.

Das Gehirn entlasten

Das einfachste Beispiel ist die Multiplikationsmethode. Keiner kann sie im Kopf ausführen, wenn es um größere Zahleneinheiten geht. Obwohl doch jede Multiplikation nur aus einer Reihe von Ergebnissen des kleinen Einmaleins besteht, kann kein noch so begabtes Gehirn diese Ergebnisse speichern, nach einer gewissen Methode addieren und die Endsumme ausgeben. Mit der schriftlichen Methode des Multiplizierens kann es jeder, auch der in der Mathematik nicht Begabte. *(Abbildung 13)*

Kaum jemand kann im Kopf mehrstellige Zahlen miteinander multiplizieren.

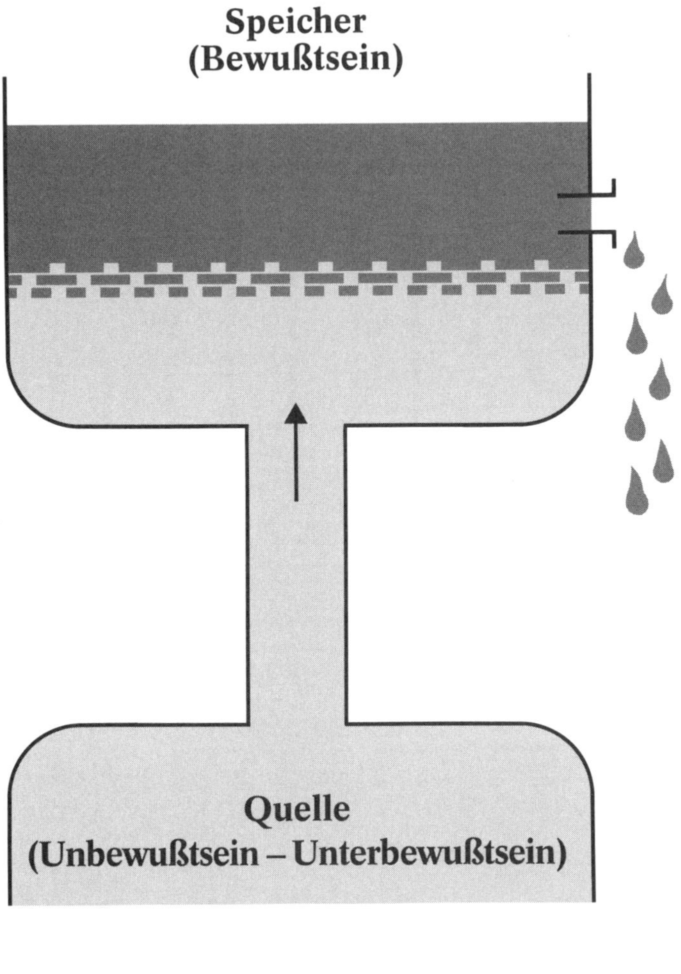

**Speicher
(Bewußtsein)**

**Quelle
(Unbewußtsein – Unterbewußtsein)**

*Abbildung 12:
Je mehr wir im
Kopf behal-
ten, desto we-
niger Ideen
produzieren
wir. Erst wenn
der Speicher
(unser Ge-
hirn) entleert
wird, kann die
Quelle (Unbe-
wußtsein/Un-
terbewußt-
sein) wieder
fließen.*

*Abbildung 13:
Durch schrift-
liche Ausfüh-
rung wird die
geistige Kapa-
zität erhöht.
Dies zeigt das
Beispiel der
Multipli-
kations-
methode.*

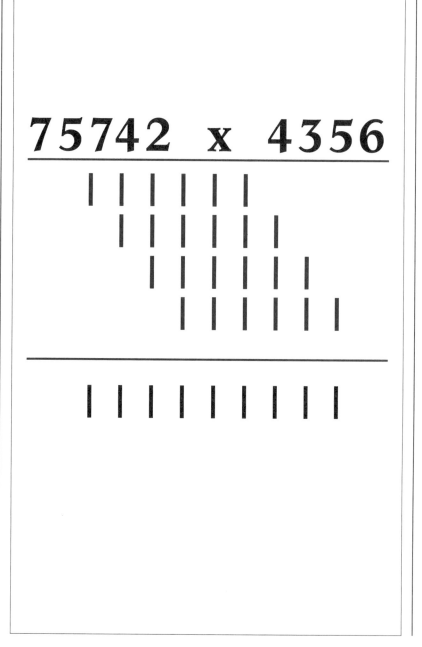

Diese Gesetzmäßigkeit unseres Denkvermögens wird durch die Methode der Vorgehensplanung im HelfRecht-System optimal genutzt. Mit den drei Teilen der Vorgehensplanung,
1. Zielfindung (= Minus-Zustand mit Varianten des Plus-Zustandes),
2. Wieplanskizze,
3. Wieplan
können Sie Situationen überschaubar machen und kreativ gestalten – und das in einem Umfang, der vielfach größer ist als das, was Ihnen mit »Denken nur im Kopf« möglich wäre.

Gleiches gilt aber auch für Ihre Mitarbeiter. Wir leben in einer Zeit, in der die körperliche Arbeitsleistung der Mitarbeiter nur noch in geringem Maße gefordert wird. Das erledigen mehr und mehr unsere intelligenten Maschinen. Was wir von unseren Mitarbeitern vor allem benötigen, ist die Kontaktpflegefähigkeit mit Kollegen, mit Kunden, mit Lieferanten, aber auch mit Ämtern und Behörden, ebenso wie die Kreativität im Finden von Problemlösungen bei auftretenden Schwierigkeiten. Diese vor allem geistigen Leistungen Ihrer Mitarbeiter können Sie mit Einsatz der Vorgehensplanung des HelfRecht-Systems vervielfachen. Tun Sie es! Ihr Unternehmen bekommt einen Erfolgsschub!

Auch Schreibfaule können mitplanen

Was aber, wenn Sie Mitarbeiter haben, die – aus welchen Gründen auch immer – nicht schreiben wollen? Es gibt hochqualifizierte Fachkräfte, die durch unser Schulsystem so verschreckt wurden, daß sie nicht mehr schreiben mögen. Oftmals haben sie nämlich die Sorge, daß ihre besten

Gedanken verrissen und sie verspottet werden, nur weil sie mit einigen Grammatikfehlern behaftet sind. In solchen Menschen gibt es eine Sperre, die sie hindert, ihre guten Gedanken zu Papier zu bringen.

Hier gilt es, mit der richtigen Methode zu helfen: Stellen Sie in einen Besprechungsraum vier Flipcharts. Holen Sie dann einzelne Ihrer Mitarbeiter oder die jeweilige Gruppe zusammen, schreiben Sie die Zielfindung mit $-Z$, $+Z1$, $+Z2$, $+Z3$ auf diese vier Flipcharts. Sie werden überrascht sein, welch außergewöhnlich wertvolle Kreativität in Ihren schreibunwilligen Frauen und Männern stecken kann.

Ein einfaches Hilfsmittel steigert die Kreativität.

Sobald Sie dann gemeinsam mit Mitarbeiterinnen und Mitarbeitern die Entscheidung für einen der Plus-Zustände getroffen haben, gehen Sie auf vier Flipcharts noch einmal gleich vor für die Erstellung der Wieplanskizze: Sie beschreiben auf einem Papierbogen noch einmal den Minus-Zustand. Dabei wird es neue, bessere Gedanken geben, warum das Problem entstanden ist und welche Wirkungen es hat. Sodann wird der entschiedene Plus-Zustand noch einmal beschrieben – und auch hierbei wird sicher eine noch erfolgswirksamere Formulierung gefunden. Anschließend werden auf dem dritten Flipchart die notwendigen Mittel und auf dem vierten Flipchart die richtigen Vorgehensschritte (Maßnahmen) zum entschiedenen $+Z$ aufgeführt.

Minus- und Plus-Zustand sowie Mittel und Maßnahmen zur Erreichung des Ziels werden auf Flipcharts notiert.

Folgende Erfolgstips dazu:
1. Nehmen Sie nur jene Mitarbeiter ins Planungsteam auf, die den Plan realisieren sollen. Menschen wehren sich, »schlaue Gedanken«

anderer umzusetzen, wenn sie nicht selbst zu diesem Denkergebnis gekommen sind. Sie werden also eine um so größere Schlagkraft bei der Umsetzung dieser Wieplanskizze erhalten, wenn in der Planung nur jene beteiligt waren, die sie auch ausführen müssen.

Mehr Gewinn

2. Setzen Sie sich nicht hinter Ihren Schreibtisch, der wie eine Barriere zwischen Ihnen und Ihren Mitarbeitern steht, und schreiben Sie auch nicht die Ideen Ihrer Mitarbeiterinnen und Mitarbeiter mit Hand auf Notizpapier. Das würde verunsichern, weil niemand sieht, was Sie aufschreiben. Dagegen kann auf den Flipcharts jeder sehen, was Sie schreiben und kann auch korrigierend eingreifen, wenn es Mißverständnisse gibt. Selbstverständlich können Sie anschließend die Texte aus den Flipcharts mit Maschine zu Papier bringen lassen und jedem der Beteiligten eine Ausfertigung überreichen.

Vorteil eines Flipcharts: Jeder kann korrigierend eingreifen, Mißverständnisse entstehen erst gar nicht.

Probieren Sie es aus, Sie werden überrascht sein, welch enormes Potential in den Gehirnen Ihrer Mitarbeiterinnen und Mitarbeiter ungenutzt schlummert, nur weil diese sich vor dem schriftlichen Ausdruck und dessen Weitergabe an den Vorgesetzten scheuen.

Mit Schaubildern arbeiten

Und noch eine Empfehlung: Verwenden Sie die Texte aus Ihrem HelfRecht-Arbeitsordner und nutzen Sie diese als Lehrmaterial zur Schulung der Mitarbeiterinnen und Mitarbeiter. Anhand dieser Texte und der Formblätter werden Sie zumindest die Methodik der Zielfindung und der Wieplanskizze verständlich machen können. Nutzen Sie auch die Schaubilder zur Verursachungsplanung aus Ihrem Ordner zur Schulung und zum Training Ihrer Mitarbeiter. Dabei empfiehlt es sich, diese Schaubilder nicht einfach zu fotokopieren, sondern sie über ein Farbkopiergerät auf eine Folie zu übertragen und mit einem Overhead-Projektor zu arbeiten.

Besonders intensiv nimmt der Mensch Informationen über das Auge auf.

Von Leonardo da Vinci soll die Aussage stammen: »Der Mensch ist ein Augentier«. So werden Sie bei Mitarbeiterschulungen Aufmerksamkeit und das entsprechende Verständnis gewinnen, wenn Sie mit dem Projektor farbige Schaubilder zeigen können, die die Funktion von Zielfindung, Wieplanskizze und Wieplan erklären. Freilich werden für die Methodik des Wieplanens nur jene Mitarbeiterinnen und jene Mitarbeiter das nötige Aufnahme- und Umsetzungsvermögen haben, die aufgrund ihrer Begabung strukturiert denken können. Für alle anderen genügt das Aufsplitten in kleinere Ziele und die Erstellung von Zielfindung und Wieplanskizzen für kleine Zieleinheiten.

Mit Zielfindungen und Wieplanskizzen den Jahreszielplan realisieren

Mit Zielfindungen und Wieplanskizzen das Jahresziel in realisierbare Einzelschritte aufteilen.

Zielfindungen und Wieplanskizzen sind auch unverzichtbare Instrumente, um die Jahreszielplan-Positionen in machbare Einzelschritte für das HelfRecht-Zeitplanbuch aufgliedern zu können. Dieses methodisch planmäßige Vorbereiten der auszuführenden Arbeiten macht jedes Unternehmen erfolgsfähiger.

Gewiß werden Sie für bewährte Abläufe und Routinetätigkeiten nicht immer wieder Zielfindungen und Wieplanskizzen oder gar Wiepläne erstellen. Dafür genügen ganz einfache Mittel- und Maßnahmenlisten (Checklisten) im Zeitplanbuch. Unersetzlich sind deshalb die beiden Computerprogramme für die Erstellung von AM2-Ausdrukken und für Wiepläne. Damit können Sie umfangreiche Aktivitäten aus sorgfältig erarbeiteten Plänen in Einzelschritten so vom Computer ausdrucken lassen, daß diese in die Zeitplanbücher aller Ihrer Mitarbeiterinnen und Mitarbeiter einfließen. Jeder weiß dann ohne Mißverständnisse zur richtigen Zeit das Rechte zu tun. Ohne diese beiden Computerprogramme würde das HelfRecht-System in einer Führungstätigkeit zu einem wesentlichen Teil nicht genutzt.

Mehr Gewinn

Auch der PC läßt sich sinnvoll bei der Vorgehensplanung einsetzen.

Projekte im Team realisieren

Wenn Sie von einem kreativen Team ein zeitlich begrenztes Projekt lösen lassen, so besteht der erste Schritt darin, das Projektziel in Einzelziele für jeden Beteiligten aufzusplitten. Daraus gestalten Sie eine Zieleliste, und zu jedem Ziel dieser Liste wird der für Planung und Ausführung Verantwortliche gekennzeichnet.

Die Zielfindungen und Wieplanskizzen, die die Team-Mitglieder dann erarbeiten, gehen jeweils in Fotokopie an alle Beteiligten und an die Führungspersönlichkeiten, deren Aufgabenbereiche von diesem Team-Projekt tangiert werden. Auf diese Weise kann der Planende ohne zusätzliche Arbeit folgende Effekte nutzen:

Jeder im Team wird umfassend über die Planungen informiert.

1. Er hat alle informiert, die zur Abstimmung und für den Team-Erfolg der Information bedürfen.
2. Er erhält von jenen Frauen und Männern Anregungen und Denkstöße für seine Pla-

203

nungen, deren Know-how er schätzt und nutzen will. Auch hierzu genügt die Weitergabe einer Fotokopie der Zielfindung oder der Wieplanskizze mit der Bitte um anregende Stellungnahme, gegebenenfalls mit Terminvorgabe für die Antwort. Der Beratende hat dann die Möglichkeit, Ideen zu sammeln und das Projekt zu »überschlafen«.

Es ist eine alte Weisheit, daß manches klarer wird und Ideen erst kommen, wenn man genügend Zeit und den nötigen Abstand zu einem Projekt hat. Das mehrmalige Lesen der Zielfindung oder der Wieplanskizze eines anderen Menschen bringt nach etwa drei bis acht Tagen eine verblüffende Menge von Ideen und Gedanken. Auf diese Weise werden auch Sie selbst zum bestmöglichen Berater für Ihre planenden und schlagkräftig handelnden Mitarbeiter – und das ganz als »Nebenprodukt«, weil Sie sowieso darüber informiert sein müssen, was von Ihren Mitarbeiterinnen und Mitarbeitern geplant und demnächst im Unternehmen ausgeführt wird. Aufwendige Besprechungen mit den sich daraus ergebenden Terminverpflichtungen und das Verfassen umfangreicher Aktennotizen werden eingespart.«

Nicht unter Zeitdruck handeln! Erst bei genügendem Abstand zu einem Projekt sprudeln die Ideen.

Welchen Nutzen hat ein Organigramm?

Mehr Gewinn

*F*rank Stautner ist Inhaber eines Unternehmens für EDV-Programme in Berlin. Er beschäftigt 20 Mitarbeiterinnen und Mitarbeiter und ist seit fünf Jahren selbständig. Alle im Unternehmen sind mit dem HelfRecht-Planungssystem ausgestattet. An den HelfRecht-Planungstagen hat Frank Stautner noch nicht teilgenommen: »In Ihrer Zeitschrift »methodik« las ich den Begriff »Organigramm«. Auch in der Management-Literatur ist mir der Begriff schon aufgefallen. Bitte erklären Sie mir Nutzen und Funktion eines Organigramms.«

Frage

*M*anfred Helfrecht: »Ein Organigramm ist eigentlich nichts anderes als die bildhafte Darstellung eines Organisationsplanes. Kurz gesagt zeigt ein Organigramm, wer unter wessen Führung welche Aufgaben erledigt.

Antwort

Organigramme werden in einem Unternehmen dann notwendig, wenn es mehrere Führungskräfte gibt. Ist Ihr Betrieb jedoch noch so klein, daß Sie selbst die einzige Führungskraft sind, so ist es nicht notwendig, daß Sie sich mit diesem Themenbereich befassen.

Erst ab einer gewissen Unternehmensgröße ist ein Organigramm erforderlich.

Unsicherheit vermeiden

Zu Organigrammen, deren Erstellung und ihren Nutzen einige kurze Informationen:

1. Neuen Mitarbeiterinnen und Mitarbeitern muß
   auf schnellstem Wege die Unsicherheit genommen werden, wer im Hause wofür zuständig ist.
   Wer ist wessen Chef? Wer ist Chef und wer ist
   Mitarbeiter? Wenn es hierüber Unklarheit gibt,
   wird ein Mitarbeiter dem Unternehmen gegenüber unsicher und damit auch zaghaft im
   Denken und Handeln; Kreativität und Leistungseinsatz werden unbewußt zurückgehal-
   ten. Zur Informationspflicht und Informations-
   aufgabe einer Führungskraft gehört also auch
   die Erstellung eines Organigramms und dessen
   Bekanntgabe an alle Mitarbeiterinnen und
   Mitarbeiter.

2. Führungskräfte erbringen ihren größeren Leistungseinsatz nicht nur für die bessere Bezah-
   lung. Auch die Imagebedürfnisse sind bei
   Führungskräften in den meisten Fällen Motivation zur Leistung. Denn sieht es gut aus, wenn
   eine Frau oder ein Mann in Ihrem Unternehmen einem neuen Mitarbeiter selbst sagen muß,
   daß sie oder er Chef ist? Also muß ein Organigramm aussagen, wer im Hause Führungsfunk-
   tion für welche Aufgabenbereiche hat. Diese
   Darstellung muß aber auch zeigen, welcher
   Kollege in welcher Abteilung arbeitet – denn
   alles das interessiert den Neuen oder die Neue.

*Gerade Füh-
rungskräfte
haben ein ho-
hes Bedürfnis
nach Anerken-
nung.*

Name und Funktion darstellen

3. Sich im Unternehmen »zu Hause« zu fühlen,
   vollwertiges Mitglied im Team zu sein und dafür
   dann seine Bestleistung zu geben, ist der
   Wunsch eines jeden guten Mitarbeiters. Er fühlt
   sich dann im Team voll aufgenommen, wenn
   nicht nur vor dem Büro deutlich mit Vor- und

Familiennamen kenntlich gemacht ist, wer darin arbeitet und wofür er verantwortlich ist, sondern wenn sein Vorname und Name auch im Organigramm steht. Und das ist dann die Wirkung auf das Unterbewußtsein der Mitarbeiterinnen und Mitarbeiter: »Hier bin ich in meiner ganzen Persönlichkeit an- und aufgenommen«. Dazu kommt, daß nicht jeder über ein eigenes Büro verfügt und nicht jeder einen Arbeitsplatz, an dem deutlich mit seinem vollen Namen und seiner Funktion steht, welche Bedeutung er für das Unternehmen und im Unternehmen hat. Auch das ist ein Grund dafür, im Organigramm neben der Darstellung der Funktion des Mitarbeiters seinen Vor- und Familiennamen zu nennen.

Mehr Gewinn

Mit Hilfe eines Organigramms erkennt der Mitarbeiter, wo er im Unternehmen steht.

Damit der Rahmen eines Organigramms nicht gesprengt wird und es übersichtlich bleibt, empfehlen sich zwei Organigramm-Typen:

Der Typ 1 stellt nur die Führungspersönlichkeiten des Unternehmens sowie die einzelnen Abteilungen und Verantwortungsbereiche dazu dar.

Der Typ 2 wird dann für jede Abteilung gesondert erstellt; hier wird dann die entsprechende Führungspersönlichkeit mit vollem Namen und Unternehmensbereich dargestellt. Darunter stehen dann die Namen aller Mitarbeiterinnen und Mitarbeiter – möglichst mit Funktion des betreffenden Bereichs.

Nicht Kurzzeichen verwenden, sondern die Namen komplett ausschreiben.

Beide Organigramm-Typen sollten allen Mitarbeitern bekannt sein – entweder durch ein persönliches Exemplar oder durch Aushang.

Auf diese Weise bewirken Organigramme nicht nur Eindeutigkeit und Klarheit der Führungs-Verhältnisse im Unternehmen für jede Mitarbeiterin und für jeden Mitarbeiter, sie dienen auch zur Stärkung von Führungskräfte-Positionen. Sogar zur Mitarbeiter-Motivation tragen Organigramme bei, weil sie Unsicherheiten vermeiden.«

Probleme gelassen angehen und lösen

5

Für welches Ziel soll ich mich entscheiden?

Erich Schütz, der Inhaber eines Labors für Blutuntersuchungen mit zehn Mitarbeitern in Frankfurt/Main:
»Wie soll ich eine gute Entscheidung treffen? Ich habe drei verschiedene Ziele, die letztlich alle einen guten Nutzen versprechen. Jedes dieser Ziele hat aber gewisse Nachteile, deren Bedeutung nur annähernd gleich zu sein scheint. Habe ich wirklich alle negativen und positiven Aspekte für die drei möglichen Ziele gefunden?«

Manfred Helfrecht: »Erfordert diese Entscheidungsfindung und das sich daraus ergebende Projekt für Sie viel Zeit- und Geldaufwand? Geht es auch um Ihren persönlichen Ruf und den Ihres Unternehmens? Dann ist es sinnvoll, diese Entscheidungsfindung mit einigem Aufwand zu betreiben. In solchen Fällen hat sich bewährt, dafür die rationalen und betriebswirtschaftlichen Gesichtspunkte zu ermitteln; aber auch die emotionale Seite darf nicht zu kurz kommen.

Zeitaufwand, Kosten und Ertrag bestimmen die Zielvariante

Ermitteln Sie für die drei möglichen Ziele jeweils die Zeitspanne, also die voraussichtlich benötigte Zeitdauer vom Beginn des Projekts bis zu dessen Beendigung. Wenn Sie selbst auf diesem Gebiet keine Erfahrung haben, gibt es sicher Fachleute, die Ihnen Erfahrungswerte nennen können. Bekommen Sie nur ungenaue Informationen, so sollten Sie einen Sicherheitsaufschlag von 40 Prozent wählen. Wenn Sie sich auf absolutes Neuland begeben und keinerlei Erfahrungen auf dem zu bearbeitenden Gebiet haben, setzen Sie sich ganz einfach ein Limit. Das heißt: Bei jedem der drei Ziele geben Sie die Zeitspanne an, die für Sie maximal möglich und akzeptabel ist.

Probleme lösen

Gehen Sie auf gleiche Weise bei der Ermittlung Ihres persönlichen Zeitbedarfs vor. Wieviele Stunden persönlichen Zeiteinsatzes wird Ihnen jedes der drei Projekte abverlangen?

Wieviel Zeit muß investiert werden?

Auch die entstehenden Kosten ermitteln Sie so: Beschreiben Sie zu jeder der drei Zielvarianten, welche möglichen Kosten für deren Realisierung Sie ermitteln oder abschätzen konnten. Und als vierte Position bestimmen Sie den Ertrag, den Sie aus jedem der drei Zielprojekte erwarten können. Sie werden sehen: Dieser Aufwand lohnt sich! *(Abbildung 14)*

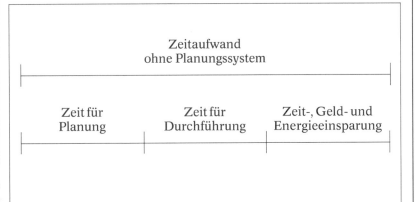

Abbildung 14: Planen muß zu Zeit-, Geld- und Energieeinsparung führen.

211

Um für die Realisierung Ihres Zieles zusätzlich andere Menschen zu gewinnen, reichen aber nicht die so ermittelten betriebswirtschaftlichen Daten Ihres Projekts. Vielmehr müssen Sie motivieren können und Persönlichkeitsausstrahlung besitzen. Und diese Eigenschaften gewinnen Sie nur durch Liebe zum Ziel!

Formulieren Sie deshalb zu jedem Ihrer drei Zielprojekte in möglichst emotionalen Worten, was Ihnen die Zielrealisierung bedeutet. Beschreiben Sie, wieviel schöner Ihr Leben ist, wenn Sie das Ziel erreicht haben. Beschreiben Sie dazu aber auch, ob und inwieweit Ihr Leben beeinträchtigt würde und weniger glücklich verliefe, wenn Sie dieses Ziel nicht realisieren würden oder könnten. Überlesen und vervollständigen Sie diese emotionalen Werte Ihrer drei Zielprojekte im Abstand von etwa einer Woche. Nach rund vier bis acht Wochen sehen Sie dann schon, welche Variante Ihr Herz mehr bewegt, zu welchem der Ziele Sie die größere Zuneigung haben. Denn wir wissen es: Unsere Neigungen weisen auf unsere Begabungen hin. Sie können deshalb davon ausgehen, daß Sie für die Realisierung jenes Zieles am meisten begabt sind, für das Sie die Formulierung finden, die Sie emotional am meisten bewegt.«

Welchen emotionalen Wert hat die Realisierung des Zieles?

Welche Qualitäten muß ein Unternehmer haben?

Probleme lösen

*C*arl Buch-Görike betreibt eine Porzellan-
manufaktur und -fabrikation mit 35 Mitarbeitern im Herzland Europas, im Raum Selb/Ober-
franken an der Grenze der Regierungsbezirke
Bayreuth/Regensburg. Der 36jährige hat große
Ziele:
»Ich habe konkrete Pläne, ein Importunterneh-
men für meine Branche zu gründen und will damit
noch erfolgreicher werden als mit meinem bisherigen Unternehmen. Meinen bisherigen Betrieb
habe ich vor allem aufgrund meiner fachlichen
Qualifikation aufgebaut. Ob ich typische Unter-
nehmer-Qualitäten habe, weiß ich nicht. Wie kann
ich das beurteilen? Sie haben doch in Ihrem
Studienzentrum für persönliche und unternehmerische Planungsmethoden durchweg mit dynamischen und erfolgshungrigen Führungskräften und
Unternehmern zu tun. Gibt es ganz bestimmte
Charaktereigenschaften, die für Unternehmer
erfolgsfördernd sind? Könnten Sie mir den Er-
folgstyp beschreiben?«

Frage

»Ich weiß nicht, ob ich typische Unternehmer-Eigenschaften habe.«

*M*anfred Helfrecht: »In erster Linie haben
Erfolgsunternehmen drei Merkmale, die gut
gepflegt und in Hochform sein müssen:

Antwort

Was macht Unternehmen erfolgreich?

1. Die Qualität der Führung.
2. Die Qualität der Mitarbeiterinnen und Mitarbeiter, die Qualität des Teams oder der Teams,

213

wenn es sich um größere Unternehmen mit verschiedenen Abteilungen handelt.

3. Der Betrieb darf weder einzelne Menschen noch Gruppen schädigen. Er muß mit all seinen Aktivitäten so gut wie möglich den Menschen Nutzen bieten, die mit dem Unternehmen Kontakt haben – seien es Mitarbeiter, Kunden, Lieferanten, Berater, Geldgeber, Behörden oder Ämter. Und von der Qualität des dabei gebotenen Nutzens hängt es ab, welche Wertschätzung ein solches Erfolgsunternehmen in seiner Einflußsphäre genießt.

Typische Charaktereigenschaften für erfolgreiche Unternehmer

Erfolgreiche Unternehmer zeichnen sich durch typische Charaktereigenschaften aus.

Aber nun zu Ihrer Frage: Es gibt typische Charaktermerkmale für erfolgreiche Unternehmerinnen und Unternehmer. Diese Eigenschaften haben nicht nur wir im HelfRecht-Studienzentrum erfahren und ermittelt, sondern auch große, international arbeitende Unternehmensberatungs-Gesellschaften stimmen weitgehend damit überein.

1. Seine Ziele überspannen weite Zeiträume

Erfolgsunternehmerinnen und Erfolgsunternehmer haben im wahrsten Sinne des Wortes Visionen. Sie sehen ihre großen, ihre langfristigen Ziele bereits in Bildern verwirklicht. Gerade dieses Sehen der Ziele ist ausschlaggebend. Emile Coué (1857-1926) hat sich als erster mit wissenschaftlicher Sorgfalt an die Erforschung der Suggestion und Autosuggestion gewagt und prägte die Aussage, daß Bilder über Texte dominieren. Das heißt: Den Menschen sprechen Bilder mehr an und mobilisieren ihn mehr zum Handeln als Texte.

214

Die langfristigen Ziele visionär zu sehen, hat aber noch einen weiteren Grund:

Probleme lösen

Wissenschaftler haben festgestellt, daß es bereits seit mehr als 3 Millionen Jahren aufrecht gehende Zweibeiner gibt. Aber wir kennen mit allergrößter Wahrscheinlichkeit erst kaum 30 000 Jahre lang die Schrift. Das heißt, daß das menschliche Denken in seiner fast gesamten Entwicklungszeit bild- und gefühlhaft ablief und Gedanken nicht in Texte verfaßt wurden.

Wir sind durch bild- und gefühlhaftes Denken geprägt.

Wir denken in Bildern

Ein kleines Beispiel dafür: Haben Sie schon einmal zehn Schreibmaschinenseiten Text geträumt? Sie sehen: Alle unsere Träume sind Bilder und Gefühle, die mit sehr, sehr wenig Text verbunden sind. Da unsere Begabungen vor allem durch das Unterbewußtsein geprägt sind, finden wir vor allem durch bildhaftes Sehen zu unserem ureigenen unterbewußten Selbst. Das heißt: Wer seine Ziele in Bildern sieht, ist für die Verwirklichung dieser Ziele begabt – immer unter der Voraussetzung, daß er wirtschaftlich sinnvoll, planmäßig und methodisch vorgeht.

Außerdem kommen alle unsere emotionalen Werte, die für Erfolg so wichtig sind, aus dem unterbewußten Bereich:

Das Unterbewußtsein ist von höchster Bedeutung für uns.

- ☐ Kreativität,
- ☐ Durchsetzungskraft,
- ☐ Überzeugung ausstrahlen, andere gewinnen können,
- ☐ Intuition.

Alle diese Energien sind nicht beliebig rational verfügbar. Das ist wohl auch der Grund, warum unsere Betriebswirtschaftslehre diesen Bereich in recht hohem Maße ausklammert und ihn lieber den Psychologen überläßt. Aber es trifft auch zu, daß eine sehr, sehr enge Vernetzung zwischen den beiden Bereichen gegeben ist.

2. *Auch in den Details des Alltagsgeschäftes »sieht« er vor seinem geistigen Auge als Extrakt seine großen Ziele.*

Das ist deshalb notwendig, weil die vielfältigen Tagesereignisse verschiedenste Vorgehensweisen erfordern. Aber unsere Problemlösungen sollen uns nicht in irgendeine wahllose Richtung steuern, sondern in Richtung der Realisierung der unternehmerischen Ziele. Deshalb ist es notwendig, daß die großen Ziele bildhaft verfügbar sind und vom Unternehmer gesehen werden können. Umfangreiche, seitenlange Texte an Zielformulierungen kann er für die vielen Tagesentscheidungen nicht im Kopf parat haben. Denn letztlich ist jeder Erfolg von der Fähigkeit abhängig, daß der Unternehmensführer »Stein auf Stein setzen kann«, weil ein Unternehmenserfolg aufgebaut wird wie ein Haus. Nur eine Vielfalt von richtigen Einzelaktivitäten kann ein gutes Gesamtergebnis erbringen.

Große Ziele müssen bildhaft gesehen werden können.

3. *Die Schwierigkeiten, Hindernisse und Gefahren in seiner Umwelt ordnet er ihrer Gewichtung und Bedeutung nach, orientiert an seinen großen Zielen.*

Auch diese Fähigkeit erfordert die Vision, das bildhafte Sehen der großen Ziele.

216

Ein schöner Vergleich ist folgendes Bild: Ein großes Wandmosaik soll von einem Künstler gestaltet werden; erst wenn er das fertige Bild dieses Mosaiks geplant hat, also in einer Entwurfs-skizze bildhaft dargestellt hat, kann er an die Realisierungsschritte gehen. Nun weiß er, wieviele Mosaiksteine von welcher Farbe und welcher Größe er benötigt. Und wenn er diese beschafft hat, hilft ihm wieder das Bild des Wandmosaiks, die richtigen Steine zur richtigen Zeit an den richtigen Platz zu setzen.

Probleme lösen

Ein Ziel kann man sich auch als Mosaik aus vielen einzel-nen Bestand-teilen vorstel-len.

Dieses schlichte Bild ist sehr wohl eine Hilfe, um unternehmerisches Disponieren in bezug auf unternehmerische Visionen verständlich zu machen.

4. *All seine Überlegungen, sein Planen und Handeln, sind am kybernetischen Regelkreis orientiert.*

Der kybernetische Regelkreis ist nicht nur für Forschung und Wissenschaft wertvoll, sondern steigert auch den unternehmerischen Erfolg.

Abbildung 15 stellt den Regelkreis im HelfRecht-System in einem einfachen Bild ohne die Vernetzungen der einzelnen Positionen, also ohne die Rückkoppelung, dar.

Auch für das HelfRecht-System gilt der kybernetische Regelkreis.

Der Regelkreis des HelfRecht-Systems

In *Abbildung 16* sehen Sie die einzelnen Ele-mente der HelfRecht-Planungstage für persönliches und unternehmerisches Planen. Hier zeigen die Li-nien die Vernetzungen der einzelnen Teile des Sy-stems; ebenso können Sie erkennen, welche Rück-koppelungen es zwischen den Einzelelementen gibt.

Abbildung 15:
Der Ablauf-
kreis in der
Funktion des
HelfRecht-
Systems.

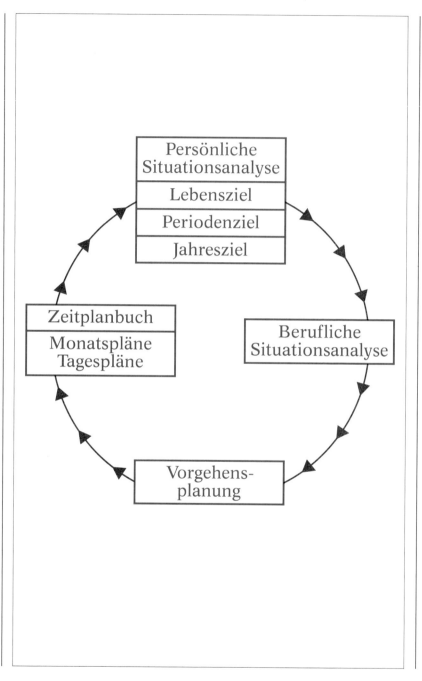

218

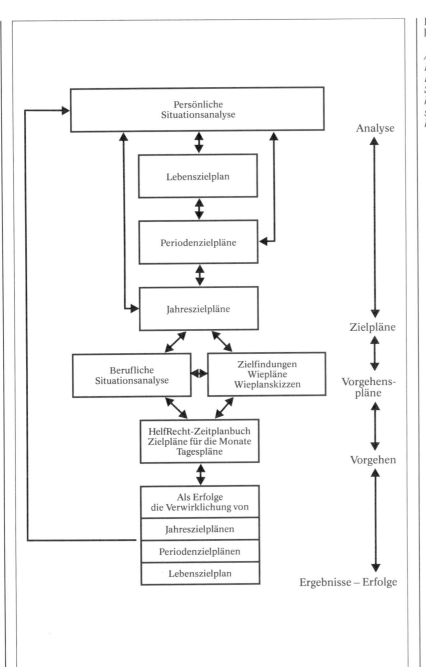

*Abbildung 16:
Das
HelfRecht-
System als
kyberneti-
scher Regel-
kreis.*

5. Er analysiert die Vernetztheit einer Lage, bevor er seine kurz- und mittelfristigen Ziele festlegt, bevor er plant und handelt. Er sieht in all seinem Planen und Handeln den Gesamtkomplex, in dem sein Unternehmen positioniert ist.

Wie im persönlichen Bereich, so kann auch für ein Unternehmen eine umfangreiche Situationsanalyse durchgeführt werden.

Diese Arbeit erfordert schriftliches Denken und kann nicht allein im Kopf durchgeführt werden. Deshalb gibt es im HelfRecht-Management-System die Unternehmens-Situationsanalyse als Fragenkatalog mit rund 100 Seiten. Die Beantwortung dieser Fragen sichert ab, daß der Unternehmer, wie hier gefordert, den Gesamtzusammenhang analysiert, in dem sich ein Unternehmen bewegt.

Ein schönes, bildhaftes Beispiel für die Vielfalt von Einflüssen und die Vernetztheit einer Lage zeigt *Abbildung 17:* Hier wird gezeigt, was ein Lotse zu beachten hat, der vor Kiel einen Übersee-Frachter an den richtigen Platz im Hafen bringen muß. Ein Außenstehender meint vielleicht, es sei doch eine recht einfache Angelegenheit, mit einem kleinen Motorschiff das große Übersee-Verkehrsmittel in den Hafen zu lotsen – das Bild zeigt aber eine andere Realität.

Wieviel vernetzter aber ist erst die Lage eines Unternehmens! Die Vielfalt der Einflüsse, der zu berücksichtigenden Umstände und Faktoren ist für einen Unternehmer deutlich größer als für einen Lotsen. Die verschiedensten Einflußfaktoren sind zu beachten, damit die Entscheidungen des Unternehmers auch wirklich zum Erfolg führen. Aber wie ist es in der Realität? Sehr oft werden ohne sorgfältige Analyse und ohne Berück-

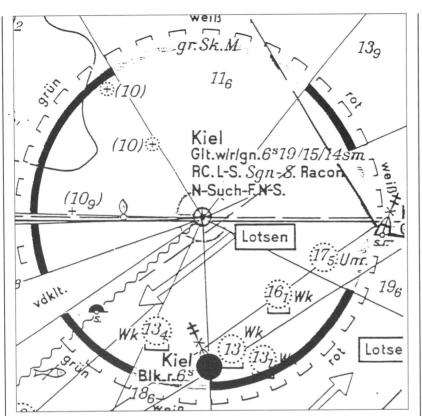

Abbildung 17:
Ohne einen
detaillierten
Plan würde
auch ein Lotse
den Hafen
nicht finden.

sichtigung der Vernetzungen Entscheidungen in
der Unternehmensführung getroffen. Das Unternehmen ist dann zwar auf eine Art erfolgreich –
aber die vielen nachteiligen Nebenwirkungen, die
ebenfalls mit bewirkt wurden, bringen es letztlich
in eine mißliche Lage.

6. Er ist talentiert dafür, die einzelnen Details der Situation seines Unternehmens in einem überschaubaren Gesamtbild zu sehen.

Versuchen wir es mit einem Beispiel: Eine Führungskraft hat zehn Mitarbeiter in ihrem Team, von denen jede beispielsweise nur acht Hauptaufgaben hat. In einer Arbeitswoche erledigt jeder zum Beispiel etwa 50 Schritte je Hauptaufgabe – das sind bereits circa 4 000 Einzelaktivitäten. Bei 100 Mitarbeitern ergeben sich rund 40.000 Einzelaktivitäten pro Woche. Und diese Zahl ist es, die viele Unternehmensführer nervlich belastet und manchmal sogar fertigmacht. Wie kann ein einzelner Mensch so viele Aktivitäten überschauen und kontrollieren?

Eine Führungskraft kann nicht alle Aktivitäten ihres Teams im Detail überwachen.

Das gesamte Unternehmen im Griff behalten

Ohne methodische Arbeitsmittel ist das Gesamtbild eines Unternehmens mit all seinen Details ab einer gewissen Betriebsgröße nicht mehr überschaubar. Um dies jedoch in den Griff zu bekommen, gibt es im HelfRecht-System die Berufliche Situationsanalyse.

Ab einer gewissen Größenordnung ist ein Unternehmen unüberschaubar.

7. Er weiß, daß sich kein Unternehmen in einer stabilen Situation befindet. Die einzige Stabilität sieht er in seinen großen Zielen. Er weiß, daß er sein Unternehmen durch permanentes, evolutionäres Überkompensieren in Richtung der großen Ziele stabilisiert.

An einer anderen Stelle dieses Buches habe ich schon das Beispiel des Fahrradfahrens verwendet. Dieses Bild kann auch hier nützlich sein: Ein stehendes Fahrrad ist nicht mehr stabil – es fällt

222

um. Ein dynamisch voranbewegtes Fahrrad wird stabilisiert und ist sogar fähig, große Anforderungen zu bewältigen, wie etwa extreme Kurvenschräglagen bei hoher Geschwindigkeit.

Probleme lösen

Genauso stabilisiert sich ein Unternehmen durch seine Wachstumsdynamik in Richtung seiner Ziele.

Wachstum ist dabei aber nicht nur als Umsatzwachstum zu sehen. So gibt es für ein Unternehmen viele andere Wachstumsziele. Das kann Zuwachs des Gewinns sein, des guten Rufes oder Wachstum im Know-how zur Bewältigung von Herausforderungen – das können Schutzrechte sein, die entwickelt und angemeldet wurden wie beispielsweise Patente, Gebrauchsmuster, Geschmacksmuster, Urheberrechte, Warenzeichen, Dienstleistungszeichen und noch andere. Es kann aber auch ein Wachstum in der Schaffensstimmung der Mitarbeiter geben.

Ein Unternehmen kann in vielen Bereichen wachsen – nicht nur hinsichtlich des Umsatzes.

Aber nun zu einer anderen Bedeutung von »Wachstum«: In den vergangenen Jahrzehnten gab es in der Bundesrepublik einflußreiche Persönlichkeiten, die es ablehnten, für gewisse Bereiche eine Stagnation zuzugeben. Über Generationen hinweg hat sich dieser Begriff jedoch in unserer Sprache gebildet und ist aus gutem Grund negativ belegt – kaum wird er positiv verwendet. Allein das ist schon ein Indiz dafür, daß Stillstand immer seine Gefahren hat. Politiker haben deshalb sogar den Begriff »Nullwachstum« geprägt, weil er eher positiv belegt war. So konnte man Negatives mit einem positiven Begriff beschreiben.

Oftmals tendieren wir dazu, negative Umstände positiv auszudrücken.

Da das »Nullwachstum« auch in der Management-Literatur verwendet wurde und später dann sogar der Begriff »Minuswachstum« hinzukam, veranlaßte dies einen pfiffigen Menschen zur folgenden witzigen Aussage: »Was ist das Gegenteil von Minuswachstum? Plusschrumpfung!«

So kann man mit positiven Worten eine Mißerfolgstendenz beschreiben.

8. *Er kennt die Charaktere in seinem Unternehmen und die sich daraus ergebende Eigendynamik. Damit disponiert er in seinen Plänen.*

Strukturen schaffen mit Hilfe von Hauptaufgabenlisten.

Um dies zu erreichen, erarbeiten die Teilnehmer an den HelfRecht-Management-Planungstagen Hauptaufgaben für alle ihre Mitarbeiterinnen und Mitarbeiter. Beim größeren Unternehmen geschieht dies zumindest im ersten Schritt für die Hauptaufgabenliste der Führungskräfte.

Sobald die Führungskräfte und Mitarbeiter selbst Zweckbeschreibungen und Durchführungsbeschreibungen erstellt haben, hat der Unternehmensführer eine gründliche Kenntnis der Charaktere in seinem Unternehmen und der sich daraus ergebenden Eigendynamik. Nun kann er in seinen Plänen damit disponieren. *(Abbildung 18)*

Abbildung 18:
Der Unterneh-
mer braucht
seine Füh-
rungskräfte,
die Mitarbei-
terinnen und
Mitarbeiter
nicht in eine
Richtung zu
schieben,
wenn es Ei-
gendynamik
durch gemein-
sam erarbei-
tete Ziele und
Berufliche Si-
tuationsana-
lysen gibt.

Bild: Liebermann

9. *Er löst Probleme nie ausschließlich intuitiv*
   und emotional. Er steuert vielmehr alle
   Kräfte grundsätzlich planmäßig nach einer
   bewährten Methodik.

   Um diese Forderung zu erfüllen, werden in
den HelfRecht-Planungstagen von den Teilnehmern Wiepläne angelegt. Für diese Vorgehensplanung gibt es auch bewährte PC-Programme, so
daß die Ergebnisse des Planens in tagesplangerech-
ten Einzelaktivitäten ausgedruckt und in die
Zeitplanbücher der Führungskräfte und Mitarbeiterinnen und Mitarbeiter eingebaut werden können.

Mit PC-
Programmen
kann die
Vorgehens-
planung
rationalisiert
werden.

10. *Er kennt die richtigen Stellen, an denen er*
    eingreifen muß, um Erfolg zu bewirken.

    Auch dazu sind die Hauptaufgabenlisten aller
Führungskräfte, Mitarbeiterinnen und Mitarbeiter

225

ein nützliches methodisches Hilfsmittel. Vorausset-zung ist, daß diese Hauptaufgabenlisten mit den Zielplänen des Unternehmens und der Unterneh-mens-Situationsanalyse vernetzt sind.

11. *Er sorgt mit einer permanenten Methodik dafür, daß alle seine Führungskräfte und Mit-arbeiter in einem ständigen Lern- und Ent-wicklungsprozeß an der Evolution des Unter-nehmens in Richtung seiner großen Ziele ar-beiten.*

Durch Weiter-bildung weniger Fluktuation im Unternehmen.

Weiterbildung ist heute von allergrößter Be-deutung für den Erfolg eines Unternehmens. Wer-den Mitarbeiter entsprechend gefördert, gibt es – wie Untersuchungen zeigen – nicht nur wesentlich weniger Fluktuation, sondern auch andere gewich-tige Gründe sprechen für die Weiterbildung:

1) Die schnellen Veränderungen der Märkte. Nicht nur durch die europäische Gemeinschaft, sondern nun auch durch die Öffnung der östli-chen, ehemals sozialistischen Staatspla-nungsländer gegenüber dem Weltmarkt und ganz besonders gegenüber dem europäischen Markt.

2) Die Veränderung des Kundenverhaltens.

3) Die Veränderung des Mitarbeiterverhaltens und die sich ständig ändernden Anforderungen an das Mitarbeiterverhalten.

4) Das gilt auch für Kundenbedürfnisse und

5) Mitarbeiterbedürfnisse.

Weiterbildung ist unverzichtbar

Probleme
lösen

Gerade in einer Zeit des materiellen Wohlstandes und des hohen Sättigungsgrades der materiellen Grundbedürfnisse steht die Befriedigung der emotionalen Bedürfnisse im Vordergrund – und das wiederum bedingt den schnellen Wandel der Angebote auf den Märkten.

Weiterbildung der Führungskräfte, der Mitarbeiterinnen und Mitarbeiter darf aber nicht nur auf fachlichem Gebiet erfolgen, sondern vor allem die Persönlichkeitsentfaltung wird geschätzt. Das bringt auch dem Unternehmen großen Nutzen: Mitarbeiter dürfen heute nicht mehr Funktionäre und Erfüllungsgehilfen sein, sondern müssen in unserer modernen Welt unternehmerische Eigeninitiative entwickeln. Das verlangt starke Persönlichkeiten mit hohem Selbstwertgefühl, die selbständig und eigenverantwortlich handeln können. Und gerade darauf kann die Weiterbildung einen höchst positiven Einfluß nehmen.

Weiterbildung
fördert die
Persönlich-
keitsent-
faltung.

Es ist aber nicht nur damit getan, daß das Unternehmen solche Weiterbildungsmöglichkeiten anbietet. Zudem ist es notwendig, Mitarbeiterinnen und Mitarbeitern Methoden zu zeigen, wie sie sich selbst weiterbilden können und wie sie selbst entscheiden können, welche Fachliteratur, welche Seminare und welche sonstigen Angebote wie genutzt werden können, um sich zu entfalten.

Mitarbeite-
rinnen und
Mitarbeiter
sollten sich
selbst geeig-
nete Weiter-
bildungsmaß-
nahmen aus-
suchen.

12. Er zeigt seinen Führungskräften und Mitarbeitern die Methoden des Lernens und Sich-Weiterentwickelns.

Methoden, die sich die Mitarbeiter aneignen sollen, muß der Unternehmer selbst anwenden und beherrschen. Wenn er in seinem Unternehmen etwa von außen Techniken einführen läßt, die er selbst nicht kennt und nicht anwendet, beginnt das Chaos. Das Unternehmen wird zumindest schwer dirigierbar, weil er kaum noch Einfluß ausüben kann und er eher bremsend wirkt.

Im HelfRecht-System und in den HelfRecht-Planungstagen wird dafür ein System geboten, das Tausende von Erfolgsunternehmen als das derzeit bestmögliche bezeichnen.

13. *Er achtet darauf, daß Methodik und Systematik flexibel und lebendig sind. So vermeidet er die Tendenz einer jeden Gemeinschaft zur Sklerose.*

Was ist damit gemeint? Wir kennen ja gerade bei Behörden, Ämtern und bei Großunternehmen die Tendenz zur Erstarrung oder zur Sklerose. Mitarbeiterinnen und Mitarbeiter können nämlich in unserer sich schnell ändernden Umwelt nicht mehr allein durch Anweisungen der Geschäftsleitung geführt werden.

Mitarbeiterinnen und Mitarbeiter können heute nicht mehr allein durch Anweisungen der Geschäftsleitung geführt werden.

Die Lage ändert sich so schnell, daß Mitarbeiter selbst fähig sein müssen, die Veränderungen zu analysieren und die bestmöglichen Entscheidungen zur Realisierung der Unternehmensziele zu treffen. Stellenbeschreibungen und Führungsanweisungen haben dagegen die Tendenz in sich, Dienst nach Vorschrift zu bewirken. Wir wissen aber, daß uns unsere Staatsbeamten und Staatsangestellten kaum Schlimmeres antun könnten, als ihre Arbeit konsequent als »Dienst nach Vorschrift« zu erfüllen. Unsere Demokratie würde zusammenbrechen.

Der Chef muß Menschen mögen

Über diese erwähnten 13 Unternehmer-Charaktereigenschaften setze ich aber einen Schwerpunkt als absolutes Erfolgsmerkmal:

Auch langfristig erfolgreiche Chefs müssen Menschenfreunde sein! Alle Enttäuschungen, die jeder erlebt, der in einer Führungsposition tätig ist, dürfen nicht zur Menschenverachtung führen. Es gehört nun einmal zu den Anforderungen an einen Unternehmer, Menschen zu erkennen, zu bewerten und dementsprechend einzusetzen. Wenn er sich dabei täuscht und täuschen läßt, darf er dennoch menschliche Qualitäten nicht grundsätzlich in Frage stellen, denn damit lebt und gedeiht das Unternehmen.

Wer erfolgreich sein will, muß die Menschen mögen – auch wenn es dabei Enttäuschungen gibt.

Nur derjenige ist qualifiziert, ein Erfolgsunternehmen aufzubauen und zu führen, der sich trotz vieler leidvoller Erfahrungen mit menschlichem Verhalten die grundsätzliche Wertschätzung für seine Mitmenschen und besonders für seine Mitarbeiterinnen und Mitarbeiter erhalten hat.

In der japanischen Management-Literatur gibt es ein schönes Beispiel dazu, wie Führungspersönlichkeiten langfristig nur dann Erfolg haben, wenn sie mit den von ihnen geführten Mitarbeiterinnen und Mitarbeitern mitmenschlich umgehen. Die Charaktere von Führern des japanischen Volkes aus dem 17. Jahrhundert werden anhand folgender Beispiele beschrieben:

»Du hast dir einen Singvogel gekauft und willst ihm das Singen beibringen. Du hast drei Möglichkeiten:

Führungsper-
sönlichkeiten
haben nur
dann langfri-
stig Erfolg,
wenn sie mit
den von ihnen
Geführten mit-
menschlich
umgehen.

1) Du bringst den Vogel um, wenn er nicht schnell zu singen beginnt. Der erste der Führer ging so mit seinem Volk um und wurde nach etlichen Jahren der Zwangsherrschaft vom Volk umgebracht.

2) Du zwingst den Vogel, zu singen. Mit Zwang regierte auch der zweite Herrscher des 17. Jahrhunderts über das japanische Volk. Er wurde vom Volk gefangen und in Haft genommen.

3) Du gehst mit dem Singvogel einfühlsam um, bis er selbst anfängt zu singen oder du gesellst ihm einen Vogel hinzu, der bereits singen kann, um ihn durch das Vorbild anzuregen. Der dritte japanische Herrscher des 17. Jahrhunderts ging auf diese Weise mit seinem Volk um und sein Geschlecht regierte Japan 220 Jahre lang!«

Gustav Großmann, der die Großmann-Methode entwickelte, die Grundlage des HelfRecht-Systems, hatte eine Lieblingsgeschichte: die Fabel vom Löwen und der Maus. Niedergeschrieben wurde diese Fabel vor mehr als 2 500 Jahren vom Griechen Aesop. Sie war also schon vorher in des Volkes Munde.

Es geht in dieser Fabel um einen schlafenden Löwen, dem eine Maus auf die Nase fällt, weil sie über ihm herumturnte und nicht aufpaßte. Der Löwe nimmt die Maus in seine Pranke und sagt, daß er sie zur Strafe zerquetschen werde. Die Maus aber piepst und sagt: »Lieber Löwe, laß mich laufen, vielleicht kann ich auch einmal etwas Gutes für dich tun.« Der Löwe lacht, laut brüllend, und sagt: »Wie soll denn eine Maus dem König der

Kann ein
scheinbar
Unbedeuten-
der einem
Bedeutenden
helfen?

Tiere nützlich sein können?« Aber er ließ sie
großzügig laufen.

Probleme
lösen

Nach einiger Zeit hört die Maus den Löwen
kläglich brüllen. Sie läuft hin und sieht, wie er sich
in einem von Menschen ausgelegten Fangnetz
gefangen hat. Das wäre wohl das Ende für ihn
gewesen, zumindest das Ende seiner Freiheit. Die
Maus aber nagte nun das Netz an der entscheidenden Stelle durch und befreite so den Löwen.

Will uns diese Fabel nicht sagen, daß auch
Menschen in einfachsten beruflichen Positionen
für den Unternehmensführer große Bedeutung
haben können? Deshalb wertet ein guter Unternehmer alle Kreativität und Einsatzfreude aus,
auch die von Auszubildenden und von Hilfskräften
in einfachen, untergeordneten Tätigkeiten; er
schätzt niemanden im Unternehmen gering.
Grundsätzlich sollte er überhaupt nicht dazu
neigen, Menschen geringzuschätzen. Das gilt
selbst für diejenigen, von denen er sich trennen
muß, weil sie nicht in sein Team, in sein Unternehmen passen.«

Niemand im
Unternehmen
wird gering-
geschätzt.

Wie kann ich meine Unternehmen besser steuern?

Hertha Leissing, Inhaberin eines Unternehmens mit Niederlassungen in Frankreich und Spanien, das Kunststoffteile als Zulieferer für bedeutende deutsche Automobilmarken fertigt. Boomartige Wachstumsjahre machten es Frau Leissing schwer, die Unternehmensgruppe im Griff zu behalten. Außer den Auslandswerken gibt es in Deutschland Betriebe in Baden-Württemberg, in Bayern und in Hessen:

»Soviel Freude mir meine Unternehmeraufgabe in den Aufbaujahren machte – trotz unserer großen Erfolge werde ich immer unsicherer. Ich fühle, wie mir die Entwicklung aus der Hand gleitet. Die Fremdbestimmung ist so groß, daß ich mich mehr als reagierende denn als agierende Unternehmerin sehe. Das beginnt mit der gefährlichen Abhängigkeit von ganz wenigen Großabnehmern und geht hin bis zu den extrem unterschiedlichen Führungs- und Management-Konzepten der einzelnen Geschäftsführer. Ich treffe Entscheidungen und kann die Auswirkungen auf die verschiedenen Betriebe gar nicht mehr abschätzen. Von »Frau der Lage« keine Rede mehr! Die Verunsicherung ist so groß, daß sie mir viel Lebensfreude und selbstbewußte Ausstrahlung raubt. So will ich nicht weitermachen – entweder ich bekomme die Lage kurzfristig in den Griff oder ich verkaufe die Firmengruppe und beginne mit dem Aufbau eines neuen Unternehmens. Vielleicht erwerbe ich auch einen kleineren sanierungsbedürftigen Betrieb, um wieder Spaß daran zu gewinnen, Unternehmerin zu sein.

232

Wie sind Ihre Erfahrungen dazu? Ich kann mir vorstellen, daß es gerade in unserer Branche vielen so geht wie mir. Seit mehr als zehn Jahren wird geunkt, daß die Autobranche bald vor einem gesättigten Markt stehen wird. Aber die meisten Jahre seither waren Wachstumsjahre. Die Erschließung der Ostmärkte wird noch einmal einen Wachstumsschub geben oder doch zumindest die mögliche Sättigung unserer bisher angestammten Märkte mehr als ausgleichen. Was tun andere Unternehmer, um Herr der Lage zu bleiben? Was empfehlen Sie Ihren Kunden, die diese Probleme haben? Wenn ich mich bei Tagungen im Kollegenkreise umhöre, bekomme ich keine brauchbaren Antworten.«

Manfred Helfrecht: »Ihre Kollegen können Ihnen wohl keine brauchbaren Antworten geben, weil es keine Patentrezepte für eine ganze Branche gibt. Jedes Unternehmen besitzt eine eigene Charakteristik und eine eigene Dynamik. Was dem einen nutzt, um Entwicklungen richtig zu steuern, das kann dem anderen schaden, weil er ganz andere Maßnahmen zur Lagesteuerung einsetzen müßte.

Auf die individuelle Lage des Unternehmens eingehen

Das einzige Mittel, die individuellen Anforderungen für Entscheidungen zu erkennen und auf die individuelle Lage des Unternehmens einzugehen, ist eine Unternehmens-Situationsanalyse. Wir bieten ein solches Arbeitsinstrument in den HelfRecht-Management-Planungstagen. Diese Analyse umfaßt einen Fragenkatalog von rund 100

233

Seiten, der unter Anleitung erfahrener Unternehmer von unseren Kunden bearbeitet wird.

Mit diesem Arbeitsmittel stellen Sie sicher, daß Sie jede Frage bedenken, die für den Erfolg Ihres Unternehmens ausschlaggebend sein kann. Sie werden in Zukunft keinen wesentlichen Erfolgsfaktor übersehen können. Außerdem weckt die Arbeit an dieser Permanenten Unternehmens-Situationsanalyse Ihre Fähigkeit zu unternehmerischer Intuition und zu unternehmerischen Visionen. Die Erfahrungen mit betriebswirtschaftlichen Planungssystemen zeigen fast ausschließlich, daß alles Planen nichts nützt, wenn diese beiden Kräfte und Fähigkeiten fehlen. Denn erst sie mobilisieren die Energien aller Mitarbeiterinnen und aller Mitarbeiter sowie ganz besonders der Führungskräfte in einem Unternehmen. Um diese Energien in die richtige Richtung zu kanalisieren, benötigen wir dann Pläne.

Die Arbeit an der Unternehmens-Situationsanalyse hilft Ihnen, ebenso die Gegebenheiten der Vergangenheit Ihres Unternehmens richtig einzuschätzen wie auch die gegenwärtigen Milieueinflüsse, menschlichen Beziehungen, Umweltfaktoren und sonstigen, Ihren Unternehmenserfolg bestimmenden Umstände zu bedenken und richtig zu bewerten. Seit Jahren bestätigen uns erfolgreiche Unternehmer und Führungskräfte, daß erst die Vorarbeit mit der Permanenten Unternehmens-Situationsanalyse die Risiken der Vorgehensplanung und des Handelns überschaubarer werden ließ. Vor allem aber: Durch die Analysearbeit wurden die unternehmerischen Ziele zu schlagkräftigen Erfolgszielen.

Die Unternehmens-Situationsanalyse fördert die Fähigkeit zu unternehmerischer Intuition.

Risiken werden überschaubar.

234

Das vernetzte Denken weitet sich aus

Probleme lösen

Wir erkennen inzwischen die Vernetztheit und die Vielfalt der Einflüsse, die auf unsere Unternehmen einwirken. Die Konsequenz daraus sind erfolgsträchtige Zielpläne, die die Energien und Energiereserven unserer Mitarbeiterinnen, Mitarbeiter und Führungskräfte in hohem Maße fördern. Das ist unverzichtbare Vorbedingung für das erfolgreiche Realisieren von Vorgehensplänen im Unternehmen.

Ergänzen Sie bei dieser Analysearbeit Ihre eigenen Gedanken, Empfindungen und Erinnerungen auch mit allen Fakten, die Ihnen erreichbar und verfügbar sind. Zuvor ist Ihre subjektive Sicht der Dinge äußerst wichtig – aber nur Zahlen und unwiderlegbare Fakten können zu einer ausgewogenen Bewertung der Analyse führen.

Neben der sachlichen Lagebeschreibung ist auch die subjektive Sicht der Dinge von Bedeutung.

Die Arbeit an der Unternehmens-Situationsanalyse zeigt Ihnen auch, welche Emotionen und Gefühle es sind, die Ihre Mitarbeiterinnen, Mitarbeiter und Führungskräfte ebenso wie Sie selbst zu kreativen Bestleistungen für gute Pläne und deren Realisierung mobilisieren. Da Sie zu jeder Frage aus der Analyse jeweils Ihre positive und auch Ihre negative Sicht darstellen, ist Ihr Urteil ausgewogen – nichts wird übersehen.

Diese Analyse umfaßt selbstverständlich jeweils nur Ihren gegenwärtigen Stand des Wissens und Erkennens zu den einzelnen Fragen. Eine Überarbeitung in Abständen von höchstens zwölf, aber möglichst drei Monaten ist deshalb unverzichtbar, um dadurch jeweils den aktuellsten Stand der Situation Ihres Unternehmens wie auch

Ihrer eigenen Sicht der Lage zu erfassen. So können die Schlüsse daraus frühestmöglich in Ihre Zielpläne und Vorgehenspläne einfließen, bevor sich Tendenzen zu Mißerfolgen ergeben.

Anregungen auch von anderen einholen!

Lassen Sie diese Analyse auch jene Frauen und Männer lesen, durch deren Meinungen und Fachkompetenzen Sie wertvolle Anregungen erhalten. Denn unterschiedliche menschliche Charaktere haben auch unterschiedliche Qualitäten, gewisse Tendenzen rechtzeitig zu erkennen. Der Optimist wird Chancen finden und der zum Pessimismus tendierende Mensch wird Gefahren viel früher entdecken, bevor sie sich besonders negativ auswirken konnten. Beides wird Ihnen zu ausgewogener unternehmerischer Sicht der Lage nützlich sein.

Letztlich entscheiden Sie jedoch, was bedeutend genug ist, um in Ihre Analyse aufgenommen zu werden. Auch die Permanente Unternehmens-Situationsanalyse ist nämlich persönlichkeitsbezogen, das heißt: Was einem anderen Erfolg bringen kann, könnte für Sie sogar zur Gefahr werden! Nicht für jeden Führungscharakter eignen sich die gleichen Ziele und Vorgehensweisen – mancher Unternehmer führte deshalb seinen Betrieb schon in die Pleite, weil er den Erfolgsweg eines anderen Unternehmens nachahmte.

Es lohnt sich nicht, die Vorgehensweise anderer Unternehmen nachzuahmen.

So wird es für Sie immer wieder einen Anlaß geben, die Situation Ihres Unternehmens zu analysieren, um Pläne und Handeln der jeweils aktuellen Lage frühestmöglich anzupassen. Anpassungsfähigkeit gilt letztlich bei den Psychologen als eine der bedeutendsten menschlichen Fähigkeiten. Sich anzupassen heißt aber nie, seine langfristigen

Ziele, die Unternehmens-Lebensziele, aus dem Auge zu verlieren. Auch notwendige Umwege sind vielmehr immer Wege zu den langfristigen Zielen.

Probleme lösen

Die wesentlichen Aussagen zusammenfassen

Die Arbeit an der Unternehmens-Situationsanalyse führt zu einer Vielfalt von Überlegungen, Gedanken, aber auch Fakten und deren Wertung. Zweifellos wird sich dadurch in der Analyse Bedeutendes und auch weniger Wichtiges ansammeln. Sie fassen deshalb in einem eigenen Auswertungsteil die für Sie wesentlichen Aussagen aus der Analyse zusammen und bereiten sich dadurch auf eine erfolgsträchtige unternehmerische Zielplanung vor.

Wichtiges von Unwichtigem trennen!

Die Zielpläne für das Unternehmen ergeben sich sodann aus den Mängeln, die Sie in den Griff bekommen möchten, und aus Ihren Wünschen. Bedenken Sie auch, daß Ihre langanhaltend starken Wünsche immer auch auf Begabungsstärken hinweisen, die Sie entweder bereits kennen oder die noch in Ihnen schlummern. Alle Stärken und Begabungen, die in uns liegen, geben uns bei planmäßigem, methodischem Vorgehen auch die notwendigen Ideen und Energien, um sie zu verwirklichen.

Unsere Begabungsstärken geben uns Kraft zur Realisierung unserer Ziele.

Mit dieser Zusammenfassung des Wesentlichen aus Ihrer Unternehmens-Situationsanalyse leiten Sie von der Vergangenheit über die gegenwärtige Lage zu einer erfolgreichen Zukunft des Unternehmens über.

Das zeigt Ihnen, wo Sie auf dem richtigen Weg sind, und wo Korrekturen des Weges sich lohnen. Auch wenn Sie die regelmäßige Arbeit an der kompletten Analyse im Abstand von drei bis zwölf Monaten erledigen können, so werden Sie die Seiten dieser Auswertung und Zusammenfassung sicher monatlich durchsehen und daran Ihre Entscheidungen orientieren.

Was ist für die gegenwärtige Lage des Unternehmens wichtig?

So erhalten Sie Kenntnis über das, was für die gegenwärtige Lage des Unternehmens ausschlaggebend ist, erkennen die wesentlichen Chancen und die wichtigsten Schritte, die zu erledigen sind. Darauf aufbauend beschreiben Sie, welche Aufgaben Sie als notwendig erkannt haben, welche Ziele Sie für das Unternehmen planen wollen und welche Rangfolge den einzelnen Aufgaben aus Ihrer Sicht zukommt.

Sie werten diese Analyse rational und sachlich, aber auch emotional und unter Berücksichtigung Ihrer ganz persönlichen Wünsche aus. Denn die Erfüllung Ihrer Wünsche und der Wünsche Ihrer Mitarbeiterinnen und Mitarbeiter ist letztlich Energielieferant für die Verwirklichung Ihrer Ziele! Immer, wenn Sie im Bereich Ihrer Wunscherfüllung arbeiten, wird Ihnen Hilfe aus Ihrem Unterbewußtsein zuteil: Ihre Intuition hilft Ihnen, Visionen zu sehen und zu verwirklichen. Sie nutzen darum gerade diesen Auswertungsteil monatlich regelmäßig, um Anregungen für Ihre unternehmerische Intuition zu erhalten. Die Auswertung der Analyse ist für Sie das Reservoir für die Gestaltung erfolgswirksamer Unternehmens-Jahreszielpläne, für Ihren monatlichen Management-Zielplan sowie für Ihre Vorgehenspläne.«

Jeden Monat wird der Auswertungsteil der Unternehmens-Situationsanalyse bearbeitet.

Wie kann ich die Berufliche Situationsanalyse einführen?

Probleme
lösen

E ddi Kordick:
»Ich bin Inhaber eines kleinen Betriebes und als Zulieferer für die Kraftfahrzeugindustrie in Kapstadt/Südafrika noch nicht abkömmlich, um die Management-Planungstage mitzumachen. Ich muß erst die Pionierphase überwinden und mir hier mindestens eine zuverlässige Führungskraft aufgebaut haben, bevor ich wieder für einige Zeit nach Deutschland kann. Nun habe ich aber in den persönlichen und unternehmerischen Planungstagen bei Ihnen den Nutzen der Beruflichen Situationsanalyse kennengelernt. Ich arbeite recht konsequent damit; meinen schnellen Erfolg – praktisch ohne eigenes Startkapital – führe ich auch darauf zurück. Mittlerweile hat mir der Kreditgeber weiteres Geld angeboten, aber ich brauche es nicht.

Frage

Den Nutzen der Beruflichen Situationsanalyse selbst erfahren.

Nun möchte ich meine wichtigsten Mitarbeiter an das Arbeiten mit der Beruflichen Situationsanalyse heranführen. Bitte geben Sie mir einige Anregungen dazu!«

M anfred Helfrecht: »Ihre Mitarbeiterinnen und Mitarbeiter können den Nutzen aus der Beruflichen Situationsanalyse gar nicht umsetzen, solange ihnen ein zuverlässiges Zeitplansystem fehlt.

Antwort

Deshalb empfehle ich Ihnen, zuerst Ihre Mitarbeiterinnen und Mitarbeiter mit Zeitplanbü-

239

chern auszurüsten. Das monatliche hausinterne Training ist Ihnen leicht möglich mit dem HelfRecht-Trainerleitfaden »ZIELgerichtetes Zeitmanagement«. Sie finden darin Formblätter, mit denen sich Ihre Mitarbeiter ein eigenes persönliches Planungssystem entwickeln. Außerdem gibt es Overhead-Folien, die es Ihnen ermöglichen, mit einem Tageslichtprojektor den Nutzen des HelfRecht-Zeitplanbuches in den verschiedenen Situationen darzustellen. Sie erhalten mit dem Trainerleitfaden ein komplettes Zeitplan-Ausbildungs- und -Trainingssystem für Ihr Unternehmen. Die Zeitschrift »methodik« gibt Ihnen dann laufend die Anregungen für ein erfolgreiches Mitarbeiter-Training.

Erst anschließend ist es sinnvoll, daß Sie sich wenigstens ansatzweise mit der Beruflichen Situationsanalyse befassen. Keinesfalls aber empfehle ich Ihnen, an Zweckbeschreibungen oder gar an den Mangelbericht/Erfolgsbericht zu gehen ohne die dafür ausgereiften Formblätter des HelfRecht-Management-Systems.

Sie sollten zunächst die Hauptaufgabenlisten Ihrer Mitarbeiterinnen und Mitarbeiter entwickeln.

Allein dieses Organisationsmittel aus der Beruflichen Situationsanalyse bringt Ihrem Betrieb schon viel Nutzen. Sehr häufig klagen Mitarbeiterinnen und Mitarbeiter nämlich darüber, daß ihnen eigentlich nicht klar ist, wofür sie zuständig sind, wie weit ihr Handlungs- und Entscheidungsspielraum geht und in welchem Rahmen sie persönlich gestalten können. Allein hier klare Verhältnisse zu schaffen, führt schon zu soviel Motivation und Eigendynamik im Unternehmen, daß Sie bei deutlich besseren Leistungen Entlastung für sich persönlich feststellen werden.

Probleme lösen

Die Leistungsfähigkeit wird gesteigert

Klare Verhältnisse motivieren und führen zu Eigendynamik im Unternehmen.

Alle weiteren Arbeitsmittel erstellen Ihre Mitarbeiterinnen und Mitarbeiter selbst. Eine ganz außergewöhnliche Mobilisierung der Leistungsfreude und Leistungsfähigkeit der Mitarbeiter entsteht bereits durch Erstellung der Zweckbeschreibungen. Der Grund: Psychologen haben erkannt, daß die Leistungsfähigkeit wie auch die Freude am persönlichen Einsatz sehr stark abgebaut wird, wenn Mitarbeitern das Selbstwertgefühl fehlt. Der Schluß daraus ist also, daß der Aufbau des Selbstwertgefühls Ihrer Mitarbeiterinnen und Mitarbeiter durch die Zweckbeschreibungen einhergeht mit mehr Leistungslust, mehr Einsatzbereitschaft und besserer Kreativität, verbunden mit Schaffensfreude.

Schon einer unserer bedeutendsten deutschen Denker, Immanuel Kant, sagte sinngemäß, daß der Mensch am meisten motiviert ist, wenn er selbst Sinn, Nutzen und Zweck seiner Arbeit erkennt. Was Ihre Mitarbeiterinnen und Mitarbeiter also selbst beschreiben, ist für die Motivation weit wirksamer als alles andere, was von außen an sie herangetragen wird. Die nächsten Schritte, das Erstellen einer Liste der Mittel zu jeder Hauptaufgabe sowie das Beschreiben der eigenen Tätigkeiten in Form einer Liste der Maßnahmen zu jeder Hauptaufgabe, machen Ihren Mitarbeitern alle Einzelschritte ihres Handelns bewußt. Aus diesem Bewußtsein heraus werden, verbunden mit einer diffusen Unzufriedenheit mit der eigenen Lage, die

Wirksamstes Motivationsmittel: den Zweck und Nutzen der eigenen Arbeit erkennen.

Die Mängel-
liste aus der
Beruflichen
Situations-
analyse ist ein
vertrauliches,
persönliches
Arbeitsmittel.

dafür ursächlichen, einzelnen Mängel konkret erkannt. Die daraus entstehende Mängelliste bleibt selbstverständlich vertraulich bei jedem Mitarbeiter; der Chef darf sie keinesfalls anfordern oder annehmen. Nur so ist gewährleistet, daß Mitarbeiterinnen und Mitarbeiter auch in Bereichen selbstkritisch schriftlich denken, die ihnen zur Imagebelastung werden würden, wenn die erkannten Mängel bekannt würden. Für alle Mängel aber, die der Mitarbeiter nicht selbst in den Griff bekommen und planvoll lösen kann, gibt es ein Arbeitsmittel, das Sie in den HelfRecht-Management-Planungstagen kennenlernen werden: den »Mangelbericht/Erfolgsbericht«.

Regelmäßig wiederkehrende Aufgaben festlegen

Auch mit den täglich, wöchentlich, monatlich, vierteljährlich und jährlich wiederkehrenden Aufgaben in Form von kleinen Listen für die Mitarbeiter-Zeitplanbücher helfen Sie Ihren Frauen und Männern schon ganz wesentlich, zuverlässiger zu sein und all das gut zu erfüllen, was von ihnen erwartet wird. Unterschätzen Sie diese einfachen Arbeitsmittel nicht. Es gibt in der Geschichte sogar große Unternehmens-Katastrophen, die durch das Übersehen kleiner, regelmäßig zu erfüllender Detailaufgaben ausgelöst wurden. Ein drastisches Beispiel lieferte die Mineralwassermarke »Perrier« Ende der 80er Jahre mit der weltweiten Rückrufaktion des mit Benzol verschmutzten Wassers. Die Ursache für die Verschmutzung war aber recht gering: Ein Filter war nicht rechtzeitig ausgewechselt worden! Und daraus entstand eine Katastrophe für den »Champagner unter den Mineralwässern«.

Listen mit
wiederkehren-
den Aufgaben
steigern die
Zuverlässig-
keit.

Wenn Sie über ein AM2-PC-Programm die Listen der wiederkehrenden Aufgaben Ihrer Mitarbeiter gespeichert haben, so ist bei jeder noch so kleinen Änderung ein aktualisierter, neuer Ausdruck möglich; Ihre Mitarbeiterinnen und Mitarbeiter sind mit den zu erfüllenden wiederkehrenden Aufgaben immer auf dem aktuellen Stand. Wichtiges und Wesentliches, oft scheinbar unbedeutende Details, werden auf diese Weise zuverlässiger erfüllt.«

Probleme
lösen

Mit Hilfe eines PC-Programms können Aufgabenlisten schnell aktualisiert werden.

Mehr erreichen mit weniger Aufwand 6

Wohin mit den vielen Ideen?

A di Schweger ist seit zwei Jahren Jungunternehmer mit einem Betrieb für Erdbewegungen, einschließlich Verleih der einschlägigen Maschinen wie beispielsweise Bagger, in Aalfeld: »Vor drei Jahren war ich in den persönlichen und unternehmerischen Planungstagen in Bad Alexandersbad. Mit meinen Plänen komme ich gut zurecht. Das haben Sie mir alles recht gut erklärt im HelfRecht-Zentrum. Eigentlich gibt es nichts Bedeutendes zu berichten, mit der Ausnahme, daß ich auf der ganzen Linie Erfolg habe. Heute habe ich schon einen Eigenkapitalstand von 30 Prozent in meinem Unternehmen. Und auch sonst macht die Arbeit rundum Freude. Zeit für Familie und Hobby gibt es auch genügend.

Aufgefallen ist mir aber, daß Sie für die Sammlung von Ideen keine Anregungen bieten; in meinem Planungsordner gibt es jedenfalls kein eigenes Register dafür. Was raten Sie, wo man die vielen, vielen Ideen aus Fachzeitschriften, aus Seminaren und aus guten Büchern archiviert? Das gilt auch für Ideen aus Gesprächen mit Bekannten, Freunden und Unternehmerkollegen.«

M anfred Helfrecht: »Eine Ideensammlung ist eigentlich fast überflüssig im HelfRecht-System, denn jede Idee, die Sie als Unternehmer und als Führungskraft haben, läßt sich mit Sicherheit in irgendeinen Abschnitt Ihres Planungsordners einbauen. Solange Sie der Meinung sind, daß die entsprechende Idee oder Anregung etwa sowohl in die Analyse, wie auch in die Zeitplanung und in einen anderen Abschnitt gehört, haben Sie die Möglichkeit, durch Fotokopien oder Mehrfachausfertigungen die Idee in verschiedenen Abschnitten zu speichern.

Weniger Aufwand

Manchmal hilft auch eine gesonderte Ideensammlung

Aber es gibt viele gute Anregungen, beispielsweise für erfolgreiche Unternehmensführung, die Sie eventuell nicht sofort in Ihr HelfRecht-System aufnehmen wollen, weil Sie sich vielleicht noch gar nicht sicher sind, ob es eine wirklich brauchbare Anregung ist. Sie wollen Ihre Entscheidung erst noch bedenken. Dann ist eine »Ideensammlung« der richtige Ort. Hier bleibt solange alles an guten Ideen und Anregungen, das Sie finden, bis Ihnen klar ist, in welchen Abschnitt Ihres HelfRecht-Systems Sie es eingliedern wollen.

Lassen sich die einzelnen Ideen nicht in den Planungsordner integrieren, ist eine gesonderte Ideensammlung sinnvoll.

Vielleicht wird die Ideensammlung so umfangreich, daß der Platz in einem Ordner ungeeignet wird. Dann empfiehlt es sich, dafür eine eigene Ablage zu schaffen. Gegliedert werden kann diese Ablage nach der Hauptaufgabenliste Ihrer Beruflichen Situationsanalyse. Dann können Sie die Ideen und Anregungen gleich Ihren beruflichen Anforderungen entsprechend ordnen. Und auch hier kann eine Mehrfachausfertigung hilfreich sein, um Ideen bei verschiedenen Hauptaufgaben abzulegen. Persönliche, private Ideen könnten Sie etwa nach folgenden Positionen ordnen:

1. Rechtsprechung, Gesetze.
2. Ernährung, Kleidung, Wohnen.

3. Psychologie, Menschenkenntnis, Menschenführung, Erziehung.

4. Urlaub, Reisen.

5. Beruf – eventuell unterteilt nach Ihren beruflichen Hauptaufgaben.

6. Pflege und Förderung von Partnern und Freunden.

7. Hobby – nach Bereichen unterteilt.

8. Schriftstellerei, gegliedert nach Titeln oder Gebieten, über die Sie schreiben wollen.

9. Stimmungspflege.

10. Interessante Berufsmöglichkeiten und berufliche Tätigkeiten.

11. Persönliche und berufliche Planungsmethoden, HelfRecht-System.

12. Verhandeln als Erfolgsfaktor ersten Ranges, Rhetorik, Planung von Verhandlungserfolgen.

13. Wertvolle Adressen. Diese können aber auch den hier aufgeführten Haupt-Gliederungspunkten zugeordnet werden.

14. Finanzierung, Finanzplan, Einkommen/Vermögen, Umgang mit Geld.

15. Allgemeine persönliche Wünsche und Erwägungen.

16. Bücher, Zeitschriften, Gedrucktes allgemein, Filme, Diaserien und so weiter. Hier werden empfohlene Titel gesammelt. Es kann sich jedoch auch als vorteilhaft erweisen, keinen eigenen Ablagetitel zu schaffen und diese Empfehlungen jeweils den zweckorientierten Gliederungspunkten dieser Liste zuzuordnen.

17. Liebe, Ehe, Lebenspartnerschaft.

18. Ideen für Geschenke und Danksagungen.

19. Kontrollnotizen aller Art zur monatlichen Durchsicht. Bitte prüfen Sie, ob es nicht zweckmäßiger ist, eine »Wiedervorlage« zu schaffen

248

oder Ihre bereits vorhandene auch zu diesem Zweck zu nutzen. Jede Anregung, die Sie noch nicht richtig zuordnen können, kommt auf Wiedervorlage – bis Ihnen klar ist, wo Sie sie bestmöglich einordnen.

20. Körperfitneß/Gesundheitspflege.
21. Image – wie will ich von wem gesehen werden?

Weniger Aufwand

Kontroll-notizen jeglicher Art können auch auf Wieder-vorlage gelegt werden.

Aber prüfen Sie bitte, ob über diese Empfeh-lungen hinaus für Sie eine Erweiterung der Ablage-gliederung für Ihre Ideensammlung sinnvoll ist.«

Hat Planen eigentlich Sinn angesichts der » Chaos-Theorie «?

B irgit Weigl hat eine Fabrik für Damenoberbekleidung mit 200 Mitarbeitern im Raum Regensburg/Oberpfalz:
»Sie empfehlen mir schriftliches und sorgfältiges Planen, um dadurch Zeit und Geld bei der Realisierung von Projekten einzusparen. Sie meinen, daß die Verwirklichung von Zielen dadurch mit weniger Zeitaufwand möglich sei.

Gerade in jüngster Zeit wird in der Wissenschaft jedoch immer wieder von der »Chaos-Theorie« gesprochen. Demnach unterliegt nur ein Teil der Abläufe auf der Erde und in unserem Kosmos gewissen Gesetzmäßigkeiten und Naturgesetzen. Es gibt auch ungeordnetes Chaos. Zeigt das nicht Grenzen für das Planen auf? Machen diese wissenschaftlichen Forschungsergebnisse das Planen nicht generell zu einem recht unsicheren Wagnis? Ich selbst mußte schon leidvolle Erfahrungen machen, wie unzuverlässig und manchmal sogar unbrauchbar meine Pläne sind.«

M anfred Helfrecht: »Diese wissenschaftlichen Forschungen verfolgen wir mit Sorgfalt. Wie überall, so herrscht offensichtlich auch in der gesamten Schöpfung das Polaritätsgesetz.

Das heißt: Alle uns vertrauten und bekannten Vorgänge in der Natur unterliegen Naturgesetzen oder doch zumindest Gesetzmäßigkeiten.

So erkennt die Wissenschaft auch hinter dem Chaos wieder ein methodisches Konzept.

Weniger Aufwand

Im chaotischen Freiraum gestalten

Aber es ist offensichtlich auch eine Tatsache: Zwischen den Naturgesetzen gibt es offensichtlich einen nicht durch exakte Gesetze bestimmten chaotischen Freiraum. Ein Schluß daraus: Die Auswirkung, Ausbreitung oder Entfaltung der Naturgesetze ist nur dann möglich, wenn es auch einen chaotischen Freiraum gibt, der noch gestaltet werden kann.

Ein »chaotischer« Freiraum ist sogar notwendig.

Welche Konsequenzen ergeben sich daraus für den Sinn des Planens im persönlichen und beruflichen Bereich?

Bei allem Planen gibt es immer wieder auch Unwägbarkeiten, weshalb zu einem guten Planungssystem auch eine gewisse »Anpassungsfähigkeit« gehört. Ein starres Planungssystem kann nicht zuverlässig sein und würde für Ihr eigenes Handeln ebenso zur Sklerose führen wie für das Handeln Ihrer Mitarbeiterinnen und Mitarbeiter. Das Unternehmen würde früher oder später einen Infarkt erleiden.

Ein Plan kann also nur eine Leitlinie, eine Vorgabe sein für Ihr Handeln und das Ihrer Mitarbeiterinnen und Mitarbeiter. Sie müssen mit täglichen Kursabweichungen rechnen und auch kurzfristige Kurskorrekturen vorsehen. Ein gutes Zeitplanbuch muß es Ihnen deshalb ermöglichen, täglich zu prüfen, was Sie von der vorgegebenen Ziel-Linie abgebracht hat. Daraus kann mittels

Auch beim Planen müssen wir Kurskorrekturen durchführen können.

eines entsprechenden Zeitplansystems ebenfalls täglich ermittelt werden, welche Maßnahmen kurzfristig zu ergreifen sind, um wieder nahe an die ideale Ziellinie heranzukommen. Es können dann durchaus Maßnahmen oder Mittel für die Kurskorrektur eingesetzt werden.

Übrigens ist dieser Vorgang ein wesentliches Element der Kybernetik. Die Steuerungscomputer unserer Fluggeräte beispielsweise sind so ausgelegt, daß sie eine gewünschte Idealfluglinie eingespeichert haben. Das Gerät ist fähig, permanent Abweichungen davon zu errechnen, Kurskorrekturen zu empfehlen oder auch automatisch zu veranlassen. Das heißt also, daß die Konstrukteure davon ausgehen, daß es keinen geraden Weg oder Flug zum Ziel gibt. Die Unwägbarkeiten der verschiedensten Einflüsse, beispielsweise durch die Witterung, sind nämlich Realität.

Es gibt keinen geraden Weg zum Ziel.

Ein gutes Zeitplanungs- und Steuerungssystem muß also helfen, die unvorhergesehenen Einflüsse rechtzeitig zu erkennen und darauf richtig zu reagieren. Die Wirtschaftlichkeit eines solchen Systems entsteht dadurch, daß die Abweichungen von der geplanten Ideallinie so gering wie möglich gehalten werden. Je früher die Kurskorrektur erfolgt, desto wirtschaftlicher und rationeller ist der Weg zum Ziel. Erst Zielabweichungen, die ein zu weites Abdriften von der Ideallinie bewirken, machen den Aufwand an Zeit und Geld für die Zielrealisierung unwirtschaftlich.« *(Abbildung 19)*

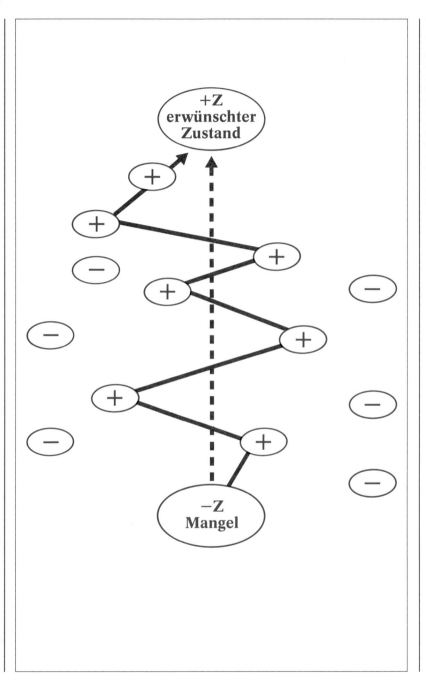

*Abbildung 19:
Auch Um-
wege können
Schritte vom
Minus-
Zustand zum
Plus-Zustand
sein. In den
seltensten Fäl-
len kann ein
direkter Weg
zum Ziel
gegangen wer-
den.*

Ist der Händler ein Schmarotzer?

Hans Wiemayer ist Geschäftsführer eines Handelsunternehmens in München. Die Spezialität der Firma sind Einrichtungen und Geräte für Arztpraxen sowie Service und Kundendienst für diese Geräte. Das Unternehmen hat 40 Mitarbeiter im Außendienst für Beratung, Verkauf und Service sowie 30 Mitarbeiter im Innendienst und in der Werkstatt:

»Ich bin ein »stinknormaler« Kaufmann. Wir kaufen Waren ein, die wir selbst nicht herstellen, schlagen für Kosten und Gewinn auf und versuchen, soviel wie möglich zu verkaufen. Vor kurzem bezeichnete mich ein junger revolutionärer Student als »Raffke«. Daran ist wohl auch etwas, denn wir verteilen nur den Nutzen, den ein anderer erarbeitet hat. Davon leben meine Führungskräfte, meine Mitarbeiterinnen und Mitarbeiter und auch ich selbst recht gut. Wir sind materiell erfolgreich und wohlhabend. Nun empfehlen Sie in Ihren Planungstagen, die eigene Leistungsfähigkeit ohne mehr Zeitaufwand dadurch zu verbessern, daß dem Kunden mehr Nutzen geboten wird. Sie bezeichnen das »Nutzenbieten« als Erfolgsfaktor Nummer 1.

Wie soll ich Nutzen bieten? Vor kurzem las ich von einer Theorie, daß Handel eigentlich nichts nutzt, sondern alles nur verteuert. Das heißt also: Wenn meine Arztkunden direkt beim Hersteller kaufen würden, könnten sie deutlich billiger einkaufen. Ich als Händler bin also ein Schmarotzer der Gesellschaft und kein Nutzenbieter in

Ihrem Sinne. Der in unserem Umsatz relativ kleine Bereich des Pflege-Service für die Apparaturen und Geräte könnte durchaus auch vom Hersteller betrieben werden.«

Weniger Aufwand

Manfred Helfrecht: »Auch der Kaufmann ist Überbringer von Nutzen. Viele Abnehmer würden manch wertvolles Nutzenangebot gar nicht erhalten, wenn es die Kaufleute nicht gäbe. Der Kaufmann spezialisiert sich meist und hat dadurch Zeit und die Möglichkeit, sich auf Spezialgebieten intensiv umzusehen. Wie kaum ein anderer kennt er die Branche, ihre Stärken und ihre Schwächen. Ein guter Kaufmann analysiert den Markt und besorgt dem Kunden das nach seiner Erfahrung und seiner Einsicht bestmögliche Leistungsangebot.

Antwort

Ein guter Kaufmann bietet seinen Kunden viel Nutzen.

Der Kaufmann bietet außergewöhnlichen Nutzen

Damit bietet er dem Kunden einen ganz außergewöhnlichen Nutzen. Niemals hätte der Kunde Zeit, sich so sehr über den Markt zu informieren und das Beste auszuwählen, wie es der Kaufmann für ihn erledigt. Zwar gab es schon oft in der Geschichte Bestrebungen, den Gewinn des Kaufmanns einzusparen, die Ergebnisse waren aber immer höchst ungünstig für die Gesellschaft. Erst gute Kaufleute sorgen nämlich dafür, daß der jeweils bestmögliche Nutzen ausgewählt wird, den dafür interessierten Kunden bekanntgemacht wird und ihnen damit zugute kommt.

Der Kaufmann als Mittler zwischen Angebot und Nachfrage.

Zwei Fakten belegen, wie sehr die Leistung der Kaufleute für das Gedeihen einer menschlichen Gemeinschaft entscheidend ist:

Es gibt Unternehmen mit soviel flüssigem Kapital, daß sie es woanders anlegen müssen, weil es im eigenen Betrieb nicht ausreichend Investitionsmöglichkeiten gibt.

Sehr oft verfügen gerade solche Unternehmen, aber auch weniger kapitalstarke Firmen, über Schutzrechte oder auch noch nicht geschützte Nutzenbiete-Ideen. Viele gute Produkte und Leistungsangebote finden deshalb nicht den Weg zum Kunden. Es wurde viel Geld in die Entwicklung gesteckt, gute Leistungen wurden erarbeitet, aber die Kunden erfahren nichts davon und können so den Nutzen nicht erwerben.

Ohne Kaufleute würden viele Kunden nicht von guten Nutzenbiete-Ideen erfahren.

Es gibt eher zuwenig gute Kaufleute

Diese Fakten zeigen, daß wir eher noch zuwenige gut qualifizierte Kaufleute haben und schon gar nicht zuviele. Denn Leistung an sich ist kein Wert, sondern erst dann, wenn sie einen Abnehmer gefunden hat, der dadurch materiellen oder emotionalen Nutzen hat und auch gern dafür bezahlt.

Und die Geschichte belegt es auch: Zuerst kamen Handel und Wandel in Fluß; danach erst entwickelte sich Wohlhabenheit für eine menschliche Gemeinschaft. Erst daran anschließend folgt als nächster Schritt die Verfeinerung der Kultur, vor allem durch die schönen Künste. Fazit also: Wo es keine guten Kaufleute gibt, fehlt der allgemeine Wohlstand, es entwickelt sich kaum je eine höhere Kultur.

Ohne Kaufmannschaft gibt es keinen Wohlstand.

Wir in unserer Firmengruppe kaufen gern bei Handelsvertretungen und Handelsfirmen, die unser Vertrauen haben. Einen wirtschaftlicheren

Weg, die Informationen des gesamten Marktes auszuwerten und uns den für unser jeweiliges Bedürfnis bestmöglichen Nutzen zu erwerben, gibt es für uns nicht.«

Soll ich mich als Chef beurteilen lassen?

Hartmut Kampe besitzt ein Vertriebs-Unternehmen mit Service-Abteilung für Fotokopiergeräte. Sein Betrieb ist in einer Kleinstadt in Oberfranken ansässig. Er beschäftigt 28 Mitarbeiter im Innen- und Außendienst:
»Die Motivation meiner Mitarbeiter fällt mir ganz außerordentlich schwer. Die täglichen Notwendigkeiten, die seitens der Kunden auf uns zukommen, die große Konkurrenz in unserer Branche und die Kreditkosten-Faust im Nacken führen dazu, daß ich kaum noch Spaß an meiner Arbeit habe. Ich selbst bin kaum jemals in freudiger Unternehmer-Stimmung – wie soll ich dann meine Mitarbeiter in gute Schaffensstimmung bringen? Den Hinweis auf die Bedeutung der Motivation für ein Erfolgs-Unternehmen liest man heute zwar in der Management-Literatur und in jeder Wirtschaftszeitung. Da gibt es auch viele gute Tips, von denen ich schon manche ausprobiert habe. Aber die täglichen Notwendigkeiten lassen weder Kraft noch Zeit dafür. Ich habe vor, meine Mitarbeiter aufschreiben zu lassen, was sie an mir als Chef zu kritisieren haben. Vielleicht komme ich so auf einige Kernpunkte und damit zu einer Verhaltensänderung. Was halten Sie davon?«

Manfred Helfrecht: »Zwar wird dann und wann von Unternehmen berichtet, in denen diese Vorgehensweise gute Ergebnisse gebracht haben soll, im allgemeinen sind die Erfahrungen damit jedoch nicht gut. Denn die Gefahr besteht, daß die negative Denkhaltung Ihnen als Chef gegenüber noch verstärkt wird. In einem gut geführten Unternehmen sind Mitarbeiter eher bestrebt, die Schwächen des Chefs abzudecken, statt diese noch aufzudecken oder gar schriftlich darzustellen. Jeder Chef hat Schwächen – der eine mehr, der andere weniger. Wenn es ihm gelingt, die Sympathien seiner Mitarbeiter zu gewinnen, sind diese dann auch bereit, durch eigene Leistungen die Mängel der Chefs abzusichern.

Weniger
Aufwand

In einem guten Team können auch Schwächen des Chefs abgedeckt werden.

Der Unternehmer muß motiviert sein

Ich meine, Sie müßten zuerst einmal nach Ihrer richtigen Motivation suchen. Solange Sie sich selbst fühlen wie »der Esel, der den Karren zieht«, solange Sie also selbst keinen Spaß an der Unternehmensführung finden, solange werden Sie nach den Gesetzmäßigkeiten der Psychologie auch anderen Menschen keine Freude an der Arbeit vermitteln können.

Welche Charaktermerkmale zeichnen aber nun gut motivierte Chefs aus, die auch ihre Mannschaft gut motivieren können? Sie lauten:

1. Es sind Frauen oder Männer, die etwas Außergewöhnliches verwirklichen wollen.

2. Es sind Menschen, die möglichst wenig dem Zufall überlassen wollen und weitgehend die Entwicklung der Dinge vorausdisponieren möchten.

3. Die Risikobereitschaft ist groß, dementsprechend aber auch der Wunsch, das Risiko überschaubar und disponierbar zu machen.

Gute Führungskräfte möchten möglichst wenig dem Zufall überlassen.

4. Erfolgreiche Unternehmensführer sind Menschen, die sich durch Kritik und Widerstände nicht von ihrem Weg abbringen lassen. Das heißt: Sie achten sorgsam darauf, daß weder Mitarbeiter, Kunden, Lieferanten oder sonst jemand Schaden durch das Unternehmen erleidet. Ansonsten gehen sie aber ihren Weg, wenn die Gefahr der Schädigung ausgeschlossen ist.

Ehrgeiz gehört zum guten Unternehmer!

5. Gute Unternehmer sind immer auch ehrgeizige Menschen und zwar im positiven Sinne. Diese Menschen wollen auf besondere Leistungen stolz sein können.

Aus einer langfristigen Konzeption entsteht Motivation

Legen Sie sich doch zu jedem dieser Punkte ein eigenes Blatt Papier an und schreiben Sie darauf, was das für Sie persönlich heißen könnte. So kommen Sie zu einer langfristigen Konzeption, von der für Sie viel Schaffensmotivation ausgehen wird.

Eine weitere Anforderung kommt hinzu: Sie und Ihre Mitarbeiterinnen und Mitarbeiter sollten über ein Minimum an Planungssystematik verfügen. Nur dann können Sie den Zufall einigermaßen einschränken und die Entwicklung des Unternehmens selbst steuern. Testen Sie doch einmal das HelfRecht-Planungssystem! Wenn Sie und Ihre Mitarbeiterinnen und Mitarbeiter sich selbst in dieses System einarbeiten und es trainieren, können Sie viele Vorausdispositionen treffen; die Notwendigkeiten und Unwägbarkeiten der einzel-

Wer erfolgreich sein will, sollte über ein Minimum an Planungssystematik verfügen.

260

nen Tage werden geringer. Dadurch entsteht immer mehr Gestaltungsspielraum für Sie. Eines aber gilt: Irgendein Planungssystem brauchen Sie in jedem Fall. Denn planloses Handeln ist die Unternehmersünde Nummer 1.«

Wozu dienen Mangelbericht/ Erfolgsbericht-Besprechungen?

Thorwald Hußl, 29 Jahre alt, arbeitet als Diplomingenieur in der Konstruktionsabteilung eines Unternehmens mit 1 200 Mitarbeitern in Köln:

»Ein Kollege von mir arbeitet in einem mittelständischen Betrieb mit dem gleichen Leistungsprogramm wie wir. Dort sind 120 Mitarbeiter beschäftigt. Mein Bekannter ist hell begeistert über seine berufliche Tätigkeit. Das geht soweit, daß er zeitweise an der Arbeit mehr Spaß hat als an unseren gemeinsamen Freizeit-Aktivitäten. Das Unternehmen, in dem er arbeitet, wird nach dem HelfRecht-System geführt. Er erhielt außerdem durch die Geschäftsleitung die kostenlose Teilnahme an den persönlichen und unternehmerischen Planungstagen in Bad Alexandersbad ermöglicht. Seit einem Jahr arbeite ich selbst auch mit Ihrem Zeitplanbuch.

Monatlich einmal schwärmt mein Bekannter von der Mangelbericht/Erfolgsbericht-Besprechung in seinem Betrieb. Seine Erklärungen sind für mich nicht recht befriedigend. Können Sie mir helfen?«

Manfred Helfrecht: »Wenn Unternehmensberater sich bei Mitarbeitern umhören, so wird der Hauptgrund für Leistungsunlust und Demotivation gegenüber dem Unternehmenserfolg mit folgenden Worten begründet: »Es interessiert hier keinen, was ich alles weiß, wie es in meinem

262

Bereich besser zu machen wäre« oder »Ich tue halt, was man von mir verlangt, meine guten Ideen sind ja nicht gefragt«. Aber auch: »Was bei uns an Zeit und Material vergeudet wird, kostet viel Geld. Warum soll ich die durch unsere Führungskräfte verursachte Verschwendung durch eigene Anstrengung auszugleichen versuchen?« Und nicht selten ist zu hören: »Schon manche Idee habe ich dem Chef gesagt, und er lehnte sie ab. Einige Zeit später kam sie dann als sein eigenes, schlaues Denkergebnis zum Vorschein. Das nimmt mir jede Lust, meine guten Ideen weiterzugeben. Daß ich nicht für jeden guten Gedanken gleich eine materielle Vergütung erhalten kann, verstehe ich ja, aber daß man mich sogar um das für mein Selbstwertgefühl so wichtige Lob und um die mir zustehende Anerkennung bringt, das kann ich nicht ertragen.«

Weniger Aufwand

Wenn der Chef sich auf Kosten seiner Mitarbeiter profiliert.

Die Mitarbeiter wollen mitreden

Sagen diese Stellungnahmen von Mitarbeitern nicht schon aus, wodurch das größte Erfolgspotential in einem Unternehmen vergeudet wird? Verblüfft werden Sie sein, mit welch einfachem Berichtssystem sich dieses Problem im Rahmen des HelfRecht-Management-Systems lösen läßt. Aber Vorsicht: isoliert eingesetzt, kann dieses einfache Arbeitsmittel sogar Schaden anrichten! Um das Mangelbericht/Erfolgsbericht-System richtig einsetzen zu können, muß als erstes ein gemeinsam erarbeiteter Unternehmens-Jahreszielplan als Leitlinie vorhanden sein. Nur so haben Mitarbeiterinnen und Mitarbeiter eine Vorgabe, wofür ihre Kreativität und ihre Ideen gebraucht werden.

Wird das Mangelbericht/Erfolgsbericht-System isoliert eingesetzt, kann großer Schaden angerichtet werden.

Eigentlich ist das System »Mangelbericht/Erfolgsbericht« nichts anderes als der erste Schritt der Vorgehensplanung – die Zielfindung –, die auf diese sehr einfache Art und Weise jedem Mitarbeiter verständlich und nutzanwendbar gemacht wird. Stolz und Selbstbewußtsein aller Mitarbeiterinnen und Mitarbeiter werden außergewöhnlich mobilisiert, wenn jeder monatlich einmal die Möglichkeit hat, seine Vorstellungen einzubringen, sich in einer Besprechungsrunde damit zu profilieren, aber auch Ideen und Anregungen der anderen in der Runde zu bekommen, um ein Problem gut zu lösen.

Damit es aber nicht nur bei den guten Ideen bleibt, sondern sie auch wirklich realisiert werden, gibt es von jeder Besprechung ein Protokoll. Die im allgemeinen in monatlichen Abständen bereits für das ganze Jahr vorausterminierten Mangelbericht/Erfolgsbericht-Besprechungen beginnen dann grundsätzlich mit der Verlesung des Protokolls der letzten Sitzung. Erfolgreich realisierte Projekte werden lobend anerkannt und gegebenenfalls auch materiell vergütet. Nicht erledigte Entscheidungen bleiben solange im Protokoll, bis sie verwirklicht wurden. Zieht sich ein Problem länger durchs Protokoll, so ist wahrscheinlich eine für den Mitarbeiter schwer oder nicht realisierbare Entscheidung getroffen worden. Die Entscheidung wird dann noch einmal in Frage gestellt, Minus- und Plus-Zustand werden noch einmal aufgerollt und eventuell nochmals neu formuliert. Dann wird nach einer neuen, besseren Lösung gesucht, die wieder protokolliert wird.

Motivierte Mitarbeiter schaffen Spitzenleistungen

Auf diese Weise geht keine gute Idee verloren, bis sie zum Wohle des Unternehmens umgesetzt ist. Einen wesentlichen Motivationseffekt hat eine weitere Position in dem Formblatt Mangelbericht/ Erfolgsbericht: Hier kann jeder Mitarbeiter berichten, welchen Erfolg er zum Nutzen des Unternehmens mit der Realisierung des von ihm eingebrachten Mangelberichts/Erfolgsberichts aus dem vergangenen Monat bewirken konnte.

Weniger Aufwand

Auf diese Weise motivierte Mitarbeiter schaffen Spitzenleistungen zur Realisierung des Unternehmens-Jahreszielplans, der allen für die Kreativität und Arbeit als Leitlinie dient. Solche Mangelberichte/Erfolgsberichte jedoch, die nicht zum Unternehmens-Jahreszielplan voranhelfen oder gegebenenfalls zu einer Veränderung des Unternehmens-Jahreszielplans führen, werden nicht abgelehnt oder abqualifiziert. Sie kommen vielmehr in einen großen »Ideen-Topf«, aus dem dann sicher irgendwann die eine oder andere brauchbare Idee entnommen werden kann. Auch Rohmaterial für die Entwicklung des nächsten Unternehmens-Jahreszielplans kann dabeisein, ja sogar Anstöße für den Unternehmens-Periodenzielplan. Zwar werden Sie nicht von jeder Mitarbeiterin und von jedem Mitarbeiter jeden Monat einen oder mehrere dieser Berichte erhalten – das ist aber auch gar nicht notwendig. Wichtig ist vielmehr, daß jeder monatlich mindestens einmal die Möglichkeit hat, auf diese Weise seine eigene Bedeutung darzustellen und nachweisbar und meßbar zum Unternehmenserfolg beizutragen.

Motivierte Mitarbeiterinnen und Mitarbeiter erbringen Spitzenleistungen.

Jeder kann seine Bedeutung für den Unternehmenserfolg darstellen.

Insbesondere Ihre engagiertesten und loyalsten Mitarbeiterinnen und Mitarbeiter können, wenn sie kreativ sind, mit diesem System beweisen, welche große Bedeutung sie für das Unternehmen haben.«

265

Wie motiviere ich mich selbst?

*E*gon Blaszcyk, eine Führungskraft in einem Baustoff-Großmarkt in Hannover, bewegt folgendes Problem:
»Ich weiß, daß ich als eine meiner wesentlichen Hauptaufgaben die für den Erfolg des Unternehmens wichtigsten Menschen zu motivieren habe. Aber wie motiviere ich mich selbst? Wenn ich Management-Literatur lese, dann geht daraus eindeutig hervor, daß nur motivierte Führungspersönlichkeiten andere motivieren können. Aber meine Alltagsarbeit wirkt nicht motivierend auf mich.«

*M*anfred Helfrecht: »Sie sprechen eines der wesentlichen Probleme der meisten Menschen in Führungsaufgaben an. Unsere Motivation kommt aus unseren Wünschen. Und Leistungslust und Leistungsfreude entstehen vor allem dann, wenn wir mit unserer Tätigkeit an der Realisierung eigener stark emotionaler Wünsche arbeiten. Die Psychosomatik zeigt uns, daß Menschen krank werden, die permanent an Aufgaben arbeiten müssen, die sie von der Erfüllung ihrer persönlichen Wünsche eher wegführen als ihnen Wunscherfüllungen zu ermöglichen oder zumindest in Aussicht zu stellen.

Einen Wünscheordner anlegen

Für mich selbst war während meines ganzen Lebensweges mein wichtigstes, persönlichstes, vertraulichstes Arbeitsmittel mein Wünscheordner aus schönem Leder und in einer Ausstattung, die mich emotional sehr ansprach. Dort beschrieb ich meine Wünsche und schrieb all das nieder, was mein Leben noch schöner, noch glücklicher, noch gedeihlicher und erfüllter machen könnte. In diesen Texten zu lesen war für mich immer ein Motivationsschub.

Weniger Aufwand

Ich machte die Erfahrung, daß die persönlichen Wünsche eines Menschen seine wesentlichste Energiequelle darstellen. Daraus bezieht er seine psychischen und physischen Kräfte. Wünsche mobilisieren also die Lust des Menschen zu körperlicher und geistiger Aktivität, seine Kreativität und seinen Ideenreichtum. Wichtig dafür aber ist es, herauszufinden, welches die eigenen, ursprünglichen persönlichen Wünsche sind – denn nicht die einem Menschen von irgend jemandem eingeredeten oder aufgeredeten Wünsche sind diese Energiequellen. Der Mensch empfindet Leistungen für andere und für die Gemeinschaft nur dann als sinnvoll, wenn diese Arbeit ihm optimal zu seinen eigenen Zielen voranhilft. Dann kann er sich voll einbringen.

Die persönlichen Wünsche eines Menschen sind eine seiner wichtigsten Energiequellen.

Beschreiben Sie Ihre Wünsche ganz vertraulich und nur für sich persönlich und überarbeiten Sie diese Texte monatlich. Sie werden feststellen: Sie können Ihre wirklich urpersönlichen Wünsche, die Ihrem Charakter und Ihrer Mentalität entsprechen, immer schöner und für Sie ansprechender formulieren.

Der Wünsche-Ordner sollte regelmäßig überarbeitet werden.

Andere Wünsche, die nicht Ihren Neigungen und Begabungen entsprechen, verkümmern dagegen. Das heißt, das Lesen dieser Texte macht Ihnen irgendwann keinen Spaß mehr. Sie finden keine guten Worte und Formulierungen, um diesen Wunsch immer schöner darzustellen. Durch das monatliche Überarbeiten Ihrer Wunschformulierungen werden Sie sich also optimal motivieren.

Wünsche motivieren uns

Den Wünsche-Ordner bauen Sie wie folgt auf:

1. Seine Ausstattung sollte für Sie Genuß darstellen und schon das Äußere Ihre Kreativität anregen.
2. Als erstes Blatt legen Sie eine Liste aller Ihrer Wünsche ein. Sie wird laufend ergänzt.
3. Zu jedem Wunsch liegt eine ausführliche Beschreibung und Darstellung im Ordner. Auch zeichnerische und bildhafte Darstellungen sind geeignet.
4. Tragen Sie in der Liste Ihrer Wünsche, die ganz vorne eingeheftet ist, Prioritäten ein. Bilden Sie drei Gruppen:

   ☐ »Wünsche, die für mein gedeihliches Leben unverzichtbar sind, kennzeichne ich mit einer »1«. Ich bin bereit, meine Bestleistungen zu erbringen, um mir diese Wünsche zu erfüllen.«

   ☐ »Mit der Ziffer »2« kennzeichne ich jene Wünsche auf der Liste, die mich sehr locken, wobei ich aber noch nicht weiß, ob ich die Lust und die Kraft aufbringen werde, um mir diese Wünsche zu erfüllen. Wird der Weg dahin für mich eine zu große Anstrengung?«

   ☐ »Mit einer »3« bezeichne ich Wünsche, auf die ich auch verzichten kann. Mein Leben ist dann immer noch lebenswert, wenn ich mir diese Wünsche im Laufe meines Lebens nicht erfüllen kann.«

Auch unsere Wünsche mit Prioritäten versehen, damit wir uns nicht verzetteln!

Selbstverständlich können sich diese Prioritäten ändern. Tragen Sie sie deshalb mit einem Bleistift ein, damit Sie radieren können. Denken Sie auch daran, daß sich jene Wünsche besonders aussichtsreich erfüllen, die den höchsten Nutzenbietewert für einzelne oder Gemeinschaften besitzen. Fast jeden Wunsch können Sie so variieren, daß für die Menschen, die von der Wuncherfüllung oder vom Weg dahin irgendwie betroffen sind, keine Schädigung, sondern ein deutlicher Nutzen entsteht. So werden Sie viele Sympathisanten und kaum wesentliche Widersacher auf Ihrem Weg zu Ihren Zielen erhalten.«

⊞

Weniger Aufwand

Besonders die Wünsche sind wichtig, die anderen Menschen herausragenden Nutzen bieten.

Biete ich Nutzen, wenn ich mich in positive Stimmung versetze?

Ewald Hack hat die väterliche Baumschule in Wiesbaden innerhalb von zehn Jahren zu einem erfolgreichen Handelsunternehmen für Gartenbedarf, speziell für Freizeit- und Hobbygärtner, gemacht. Er hat viel Geschick bei der Mitarbeiterführung. Sein eigentliches Problem ist eine totale Hingabe an das Unternehmen. Alle seine weiteren Begabungen und Anlagen, auch musischer Art, mußte er total zurückstellen und leidet nun darunter:

»Mir ist mit Hilfe Ihres Management-Systems eindeutig klar geworden, wie ich aus meinen Mitarbeitern jene Damen und Herren herausfinde, die Führungsaufgaben übernehmen können. Ich weiß nun, daß ich in wenigen Jahren wieder Zeit haben werde für meine musischen Veranlagungen. Nur mit dem Begriff des Nutzens bringe ich das nicht ganz in Einklang, weil ich damit das Ziel verfolge, mehr Zeit für nutzlose Tätigkeiten und die Beschäftigung mit Nutzlosem zu haben.

Ein Beispiel: Wenn ich gern Klavier spiele, aber nur für mich allein – etwa am Sonntagabend –, um mich in gute Stimmung zu bringen, so hat davon niemand einen konkreten Nutzen – es sei denn, daß ich für meine Frau und für meine Kinder ein besser gestimmter Partner bin, wenn ich mich nicht mehr so sehr überarbeite.

Anders wäre es, sähe ich meine sonntägliche Klavierübung als notwendiges Training für einen erfolgreichen Konzertauftritt. Dann kommen die Besucher und bezahlen ganz konkret für eine gute Darbietung. Das ist dann doch schon Nutzenbieten, meine ich. Wie ist Ihre Sicht dazu?«

Weniger Aufwand

Manfred Helfrecht: »Das Nutzenbieten ist eine der wesentlichsten Herausforderungen für Unternehmer und Führungskräfte in der Wirtschaft. Schließlich soll aus volkswirtschaftlicher Sicht wie aus Kunden- und Mitarbeiter-Sicht all das, was ein Unternehmen betreibt, der Gemeinschaft und dem einzelnen nutzen, unbedingt aber nicht schaden.

Antwort

Gute Schaffensstimmung – gutes Unternehmen

Der Nutzen beginnt tatsächlich schon da, wo Führungskräfte und Mitarbeiter in positive Stimmungshaltung versetzt werden – also bereits in der Freizeit und im Hobby wurzeln Schaffensstimmung und Erfolgs-Elan. Alle Untersuchungen bestätigen: Die bestgeführten Unternehmen zeichnen sich immer auch durch eine gute Schaffensstimmung der Führungskräfte und Mitarbeiter aus. Das Nutzenbieten ist eben nicht damit abgeschlossen, daß eine Dienstleistung erbracht oder ein Produkt geliefert wird. Dem Kunden Freude zu bereiten durch aufmerksame und liebenswürdige Betreuung ist ebenfalls eine Art Nutzenbieten. Dazu gehört auch der Service, damit der Kunde das von ihm Gekaufte langfristig zufriedenstellend nutzen kann. Können Sie sich einen liebenswürdigen und höflichen Mitarbeiter vorstellen, der einen schlechten Service bietet? Das wird wohl die Ausnahme sein.

Eine positive Schaffensstimmung im Unternehmen ist ein Indiz für gute Führung.

Führungs-
kräfte sind
dafür verant-
wortlich, daß
im Unterneh-
men gute
Stimmung
herrscht.

Also ist eine der wesentlichsten Aufgaben für Führungskräfte, gute Stimmung im Unternehmen zu schaffen. Voraussetzung dafür aber ist, die eigene gute Stimmung durch richtige Freizeit- und Arbeitsgestaltung zu schaffen. Nur gut gestimmte Führungskräfte können so führen, daß ihre Mitarbeiter Freude an der Arbeit haben.

Unsere Erfahrungen zeigen, daß gut gestimmte Menschen auch auf ihren Fachgebieten bessere Nutzenbiete-Ideen haben. Es gelingt ihnen, dem Kunden mehr Spaß zu bereiten, so daß er auch zusätzlich angebotene Leistungen erwirbt oder nutzt. Denn in unserer materiell gesättigten Zeit wird für all das, was gute Stimmung bewirkt, lieber bezahlt als für nicht-stimulierende, rein sachlich-pragmatische Leistungen.

Im HelfRecht-System gibt es zwei Analysen, die den wesentlichen Zweck haben, die Kreativität im Nutzenbieten zu mobilisieren:
☐ die Persönliche Situationsanalyse und
☐ die Berufliche Situationsanalyse.

Mit der Unter-
nehmens-
Situations-
analyse wird
die Kreativität
für das
Nutzenbieten
gefördert.

Im HelfRecht-Management-System schließlich sorgt eine rund 100 Seiten umfassende Unternehmens-Situationsanalyse für Ideenschübe und intensive Kreativität gerade auf dem Gebiet des Nutzenbietens den Kunden gegenüber.

In unserer Zeit ist es aber fast genauso wichtig, den Mitarbeiterinnen und Mitarbeitern sowie den Lieferanten gegenüber Nutzen zu bieten. Denn eine gute Fachkraft kann heutzutage überall ihr Geld verdienen; sie wird sich letztlich für ein Unternehmen entscheiden, in dem sie unter annehmlichen Umständen in guter Stimmung schaffen kann. Und für einen guten Lieferanten gilt dasselbe. Wenn er ausgelastet ist, wird er seine Auswahl so treffen, daß er solche Kunden nicht mehr beliefert – beziehungsweise ihnen kein Angebot mehr unterbreitet –, die ihm die Freude an der Arbeit nehmen.

Weniger
Aufwand

Der emotionale Nutzen ist oftmals ausschlaggebend.

Oft entscheidet der gute Ruf

Unternehmer, mit denen ich befreundet bin, haben mir berichtet: Qualifizierte Fachkräfte waren sogar mit einem etwas geringeren Einkommen zufrieden, nur um in dem Unternehmen zu arbeiten, das in Mitarbeiterkreisen einen sehr guten Ruf hat. Der gute Ruf kann also entscheidend sein! Sicher werden sich nur Menschen so entscheiden, deren materielle Bedürfnisse reichlich gesättigt sind und bei denen das Einkommen dann nicht mehr eine allzu große Bedeutung hat. Tatsache ist aber: In einem leistungsfreudigen Schaffensklima, das dem eines Sportvereins ähnlich ist, wird der Erfolg des Unternehmens so positiv beeinflußt, daß es solche Firmen gar nicht nötig haben, ihre Mitarbeiter schlechter zu bezahlen. Im Gegenteil: Zusätzlich zum positiven Umfeld haben solche Betriebe in den meisten Fällen die Möglichkeit, bessere Gehälter als die meisten Wettbewerber zu zahlen.

Ein positives Schaffensklima führt auch zu mehr Ertrag.

Grundsätzlich gilt für alle Instrumente des HelfRecht-Systems: Der Nutzenbietewert jeder persönlichen und unternehmerischen Leistung läßt sich permanent verfeinern und steigern. In unserem freiheitlichen Wirtschaftssystem muß jeder Mensch Nutzen bieten, der in irgendeiner Weise beruflich tätig ist. Deshalb geht es eigentlich nicht um die Basis des Nutzenbietens, sondern um die Feinheiten und Details, um sich hierbei von der Masse der Konkurrenten abzuheben. So sind guter Ruf und gute Gewinne ganz wesentlich von einem hochentwickelten Nutzenbiete-Konzept abhängig.

Mehr Erfolg durch mehr emotionalen Nutzen.

Wie weit das gehen kann, schildert der amerikanische Management-Autor Tom Peters in dem Buch »Leistung aus Leidenschaft«. Er sagt sinngemäß aufgrund aller seiner Erfahrungen in mittelständischen Unternehmen: Wenn Sie ein höflicher, freundlicher, liebenswürdiger und aufmerksamer Leistungsanbieter werden, stoßen Sie mit Sicherheit in die Spitze Ihrer Branche vor. Warum? Weil diese Art von emotionalen Leistungen in fast allen Branchen eine Rarität ist.«

Wie kann ich Leistung ohne Streß erreichen?

Weniger Aufwand

*M*onika Orbens, Inhaberin eines Unternehmens für Parfümerie und Kosmetik mit fünf Filialen in Wien:
»Mich hat überrascht, daß ich in dieser ganzen Woche während der Planungstage in Bad Alexandersbad bei keinem Ihrer Mitarbeiter Streß feststellte. Das ist für Deutschland ganz unüblich. Zuerst hatte ich fast den Eindruck, hier würde nicht besonders intensiv gearbeitet. Doch die Leistungsergebnisse, die ich in dieser Woche erlebte, waren sehr überzeugend. Wie erklären Sie das?«

Frage

Gibt es in Bad Alexandersbad keinen Streß?

*M*anfred Helfrecht: »Bestleistung kann nicht am Streß gemessen werden. Es gibt sogar den Witz, daß operative Hektik nur auf geistige Windstille hindeute. Mit anderen Worten: Mit Eile und Hektik wird oft also nur Leistung vorgetäuscht und ein nur relativ geringes Ergebnis erzielt. Die größte Führungskunst besteht deshalb darin, Lebensfreude in den Berufsalltag zu bringen, weil immer mehr Menschen nicht nur das Geldverdienen sehen, sondern auch eine positive Schaffensatmosphäre beanspruchen.

Antwort

Nicht allein das Geldverdienen, sondern auch die positive Schaffensatmosphäre ist wichtig.

Die Firma als »Sportverein«

In den persönlichen und unternehmerischen Planungstagen in Bad Alexandersbad legen Führungskräfte vor allem dafür ihre Analysen und Pläne an, wie sie in dem von ihnen geführten

Unternehmen eine solch positive Leistungsatmosphäre bewirken wie in einem erfolgreichen Sportverein. Dort gehen die Mitglieder gern hin, obwohl sie wissen, daß von ihnen Leistung erwartet wird.

Aber wie ein Sportverein durch schlechte Führung in Reibereien und leistungsverhindernde Konflikte geraten kann – so können es auch Unternehmen. Dabei gibt es eine regelrechte Polarisierung. Die einen sind die Erfolgsunternehmen mit sportlich-fairem Leistungsehrgeiz unter kollegialer, freundlicher Arbeitsatmosphäre; die anderen sind Unternehmen, in denen sich Mißstimmung, Vorwürfe, Mißtrauen und »unfreundliches Miteinander« leistungsabbauend auswirken.

Alle Arbeitsmittel des HelfRecht-Systems sorgen jedoch dafür, daß sich das Team, die Abteilung und das Unternehmen in die richtige Richtung entwickeln.«

Das Gegenteil eines Erfolgsunternehmens: ein Betrieb, in dem Mißstimmung herrscht.

276

Ist Kontrolle nicht besser als Vertrauen?

Weniger Aufwand

Theodor Plersch besitzt ein Gerüstbauunternehmen mit 60 Mitarbeitern in Augsburg. Ihn bewegt die Frage, inwieweit Kontrolle notwendig ist und wie sie am besten geplant werden kann: »Was halten Sie von Kontrolle? Hatte Lenin nicht recht mit seiner Aussage: Vertrauen ist gut – Kontrolle ist besser?«

Frage

Manfred Helfrecht: »Richtige Kontrolle ist eine Kunst. Wenn die Kontrolle auch nur einem Ansatz von Mißtrauen entspringt, führt sie zu Verstimmungen im Unternehmen. Wenn aber sorgfältig und weit vorausdenkend Pläne gemeinsam mit den Mitarbeitern erarbeitet werden, so sind sie schon ein Instrument zur Selbstkontrolle, mit dem jeder Mitarbeiter prüfen kann, wie weit er vorangekommen ist und wo er gegenüber den Planungen im Rückstand ist. So sind eine Besprechung und die schriftliche Analyse des jeweiligen Standes bei der Realisierung des Plans eine Art gemeinsame Kontrolle, die nicht demotivierend und verstimmend wirkt.

Antwort

Kontrolle bedeutet auch Selbstkontrolle.

Kontrolle fördert die Leistung

Im Gegenteil: Es entsteht eine positive und aufbauende Leistungsatmosphäre. Gemeinsam an Plänen und an ihrer Realisierung zu arbeiten, erübrigt die auf Mißtrauen begründeten Kontrollen.

Wird Kontrolle richtig wahrgenommen, kann sie sehr motivieren.

Für mich selbst ist das Ideal, daß meine Kontrollen motivieren und nicht demotivieren. Das gelingt mir nicht immer, aber ich strebe es an. Ein Mitarbeiter soll sich sogar gestärkt fühlen und sich in noch besserem Einvernehmen als vorher mit mir fühlen, wenn ich in einem Gespräch einen gewissen Sachverhalt kontrollieren will. Er weiß dadurch: »Der Chef hat mit mir Dinge besprochen, er kennt meine Vorstellungen. Ich habe seine Anregungen aufgenommen, wir sind im Einvernehmen.« Diese Stimmungslage stärkt Mitarbeiterinnen und Mitarbeiter, statt sie zu schwächen.

Wir legen in den HelfRecht-Planungstagen gerade darauf besonderen Wert, daß Pläne so gestaltet werden, daß deren Durchführungs- und Erledigungskontrolle auch einen Motivationsschub bewirkt.«

Wie kann ich mich entlasten und Rückdelegation vermeiden?

Weniger
Aufwand

Edwin Edelmesser, ein junger, noch nicht 30 Jahre alter Inhaber einer Futtermittelhandlung und einer Futtermittelfabrik in einer ländlichen Kreisstadt in Schleswig-Holstein. Er beschäftigt 145 Mitarbeiterinnen und Mitarbeiter: »In Ihrer Zeitschrift »methodik« verweisen Sie immer wieder auf den Nutzen des Planens in der Unternehmens- und Mitarbeiterführung. Ich arbeite seit zwei Jahren mit dem HelfRecht-Planungssystem. Das Zeitplanbuch dieses Systems hat mir schon viel genutzt und viele Erfolge möglich gemacht. Aber nun bin ich absolut überarbeitet, obwohl ich mich doch mit diesem System entlasten wollte. Ich habe zwar etliches erreicht, aber um das Unternehmen langfristig zu stabilisieren und existenzsicher zu gestalten, müssen noch viele Ziele verwirklicht werden. Zeitweise wird es nahezu grotesk. Jeder, der im Unternehmen etwas Wichtiges hat, kommt auf mich zu und bittet mich, das doch einzuplanen, damit es auch entsprechend läuft. Sogar mein Vater, der ursprünglich sehr über das HelfRecht-Planungssystem gespöttelt hat, ist mittlerweile auch darauf gekommen: »Schreib' doch mal in dein Planungsbuch ...«, sagt er, wenn er wieder einmal eine gute Idee hat, aber nicht weiß, wie sie unternehmerisch anzupacken und zu realisieren ist. Ich bin deshalb inzwischen mit Arbeit und Problemlösungsaufgaben eingedeckt bis über den Kopf. Wie kann es weitergehen? Soll ich das Unternehmen verkleinern auf die ursprüngliche Größe? Aber ich möchte nicht dorthin

Frage

Überlastung
durch Zuver-
lässigkeit.

279

zurück, wo ich einmal stand. So weitergehen wie bisher kann es jedoch auch nicht.«

Manfred Helfrecht: »So schwierig und groß Ihnen die Herausforderung in Ihrer gegenwärtigen Situation, in die Sie sich »hineingeplant« haben, auch erscheinen mag, die Lösung ist einfach und auch in kurzer Zeit realisierbar.

Es ist einfach unmöglich, daß nur der Chef eines Unternehmens plant. Die Mitarbeiter werden immer unselbständiger und von den Plänen des Chefs absolut abhängig. Gleichgültig, ob Ihre Mitarbeiterinnen und Mitarbeiter etwas vergessen haben, über keine eigenen Pläne verfügen und deshalb bei Ihnen immer wieder rückfragen müssen, oder ob sich die Umstände verändert haben gegenüber Ihren Planungen – in jedem Fall sind Ihre Frauen und Männer gezwungen, immer wieder auf Sie zuzugehen, um von Ihnen die aktuellste Anweisung zu bekommen.

Das Unternehmen ist abhängig von einer Person

Das kostet Sie viel Zeit; außerdem werden das Unternehmen und sein Erfolg immer abhängiger von Ihnen. Sie müßten ja regelrecht Angst davor haben, einmal krank zu werden oder aus einem sonstigen Grund auszufallen. Und von einem längeren Urlaub oder einer Weltreise können Sie wohl allenfalls träumen.

Wie viele Mitarbeiter können Sie bei dieser Vorgehensweise wohl dirigieren und die Einzeloperationen noch überschauen? Wahrscheinlich sind Sie bereits an der absoluten Obergrenze angelangt – dadurch wird das für ein Erfolgsunternehmen so notwendige Wachstum durch die Überarbeitung des Chefs gehemmt, gebremst und sogar unmöglich. Dringend notwendig ist deshalb, daß Sie Ihre Mitarbeiterinnen und Mitarbeiter im Planen schulen! Erst wenn Ihre Mitarbeiterinnen und Mitarbeiter lernen, ihren eigenen Aufgabenbereich und die eigenen beruflichen Anforderungen selbst zu planen und bestmöglich in kürzester Zeit zu lösen, werden Sie entlastet und finden die für einen Unternehmer so notwendige Zeit zum Nachdenken und Erholen.

Weniger Aufwand

Nur wenn Mitarbeiter selbst planen, wird der Chef entlastet.

Machen Sie sich bewußt: Ihre weiteren Erfolge und Pläne sind davon abhängig, ob Sie die Zeit haben, über die Dinge nachzudenken und gute Pläne anzulegen. Und ebenso notwendig ist, daß Sie Zeit finden für Erholung und Lebensfreude, damit Sie Ihre Mannschaft zu guten Plänen und Bestleistungen motivieren können.

Dabei ist der erste, schon sehr wirksame Schritt äußerst einfach:

1. Schaffen Sie für alle Mitarbeiter ein Planungssystem an! Ein einfaches System mit Zeitplan- und Anleitungsbuch genügt.

2. Beschaffen Sie sich ein Instrumentarium, mit dem Sie selbst Ihre Mitarbeiter trainieren und unterrichten können! Dazu haben sich ein Overhead-Projektor und Folien mit den wesentlichen Trainingsinhalten bewährt.

Mindestvoraussetzung: Alle Mitarbeiterinnen und Mitarbeiter führen ein Zeitplanbuch.

Das alles erhalten Sie im HelfRecht-Studienzentrum: Planungssystem und Trainerleitfaden.

Weiterbildung motiviert

Übrigens zeigen Untersuchungen bei großen Versicherungsgesellschaften: Die Betriebe haben am wenigsten Fluktuation im Außendienst, bei denen am meisten in Schulung und Weiterbildung ihrer Frauen und Männer investiert wird. Das macht die Mitarbeiter nicht nur leistungsfähiger, sondern bindet sie offensichtlich auch mehr ans Unternehmen.

Wenn Sie selbst Ihre Mitarbeiter unterrichten und weiterbilden, entsteht außerdem noch eine stärkere emotionale Bindung an Ihre Person als Chef, was ebenfalls ein wesentlicher Motivationsfaktor ist.

Die emotionale Bindung an den Chef ist ebenfalls ein Motivationsfaktor.

Aber der entscheidende Vorteil lautet: Sie werden entlastet, Ihre Mitarbeiter werden kreativer und arbeiten mit größerer Schaffensfreude. Denn es macht viel mehr Spaß, selbst erstellte Pläne zu realisieren und sich dafür einzusetzen, als wenn der Chef etwas vorschreibt. Sie werden feststellen: Die besten unter Ihren Mitarbeitern wollen sich in allererster Linie selbst verwirklichen. Wenn Sie dazu Möglichkeiten aufzeigen, fließen die Ideen, gepaart mit sportlichem Leistungsgeist. Jeder wird ehrgeizig seine Pläne realisieren wollen, wodurch eine Eigendynamik im Unternehmen entsteht.

Der gute Ruf eines Unternehmens wird nicht nur vom Chef, sondern von allen Mitarbeiterinnen und Mitarbeitern bewirkt.

Sie können sich dann auf das Steuern durch Zielentwicklung und Kontrolle der Zielrealisierung konzentrieren. Ihr Zeitbedarf für Führung wird dadurch deutlich geringer, der Gewinn und der gute Ruf des Unternehmens steigen. Denn der gute Ruf Ihres Unternehmens wird nicht durch

Ihre eigene gute Leistung bewirkt – die Summe aller guten Mitarbeiterleistungen führt letztlich dazu. Weniger Aufwand

Guter Ruf macht Werbung wirksamer; neue Kunden sind leichter zu gewinnen und erworbene Kunden bleiben eher Stammkunden. Daß sich auf diese Weise guter Ruf auch in gutem Gewinn ausdrückt, läßt sich damit leicht nachvollziehen.«

Nutzen Sie unser Beratungsangebot!

Denken Sie auch an die im Preis dieses Buches enthaltene telefonische oder schriftliche Beratung durch versierte Führungspersönlichkeiten des HelfRecht-Studienzentrums. Rufen Sie uns an (0 92 32 / 6 01-0) oder schreiben Sie uns (HelfRecht, D-95680 Bad Alexandersbad, Telefax: 0 92 32 / 6 01-80), wenn Sie Fragen zur Nutzung des HelfRecht-Systems haben.

I h r
HelfRecht-Studienzentrum

Stichwortverzeichnis

285

287